しあわせの
宇宙構造
小林正観

はじめに

顔を見ると人生相談をしたくなる、そんな顔を私自身がしているのかもしれない、と思ったことがあります。

たくさんの人の人生相談を受けてきました。その都度、一緒に考え、一緒に答えを見つけようとしてきたのですが、最近、見方や考え方がちょっと変わってきたように思います。

どうも、宇宙には「幸・不幸」がないようだ、という見方です。

「不幸や悲劇は存在しない。そう思う心があるだけだ」といったのはフランスの思想家でしたが、よく考えてみると「幸福」や「幸運」という事実も存在しない。「そう思う心」があるだけのように思えます。

最近、よく「プラス思考」という言葉を聞くようになりました。

「プラス思考」というのは、マイナスの出来事があっても、プラスに考えればいいではないか、という考え方です。その方向性自体は大変歓迎されるべきもので、間違っているとは思えませんが、宇宙の法則的には、今いわれている一般的な「プラス思考」というものに、少し疑問を抱く部分があります。

私は、ものの見方とは一生涯をかけて会得《えとく》すべきものと考え、「見方道《みかたどう》」と呼んでいますが、「ものの見方道」を唱えている（私は「見方道」の家元を名乗っています）私からすると、少し違うところがあるように思えるのです。

それは、「マイナスのことも、プラスに置きかえて考えればよいではないか」というものです。

見方道家元の考え方からすると、先述してきたように、「現象や出来事に、プラス・マイナスはない。現象はもともとゼロである。ただ淡々と事が起きているだけである」ということです。

マイナスの出来事をプラスに置きかえろというのは、マイナスの出来事、マイナスの存在を認めているわけで、「これは不幸、これは幸福、これは悪いことで、これはよいこと」という発想を、そのまま追いかけているように思います。

宇宙には「不幸」という現象はなく、ただ自分がそう思っているだけなんだ、ということです。

嫌なこと・人・もの・出来事があるわけではなく、「私」が勝手に決めている――。

これに気がついたならば、私たちはかなり楽な人生を送ることができるように思います。

出来事はすべて「ゼロ」であり、それに「私」が指をさして「これはよいこと、悪いこと。気に入った、気に入らない」といっているにすぎません。けれども、出来事に「よい、悪いはない」ということを認識したいところです。

「こんなにつらく悲しいことがあるではありませんか」という人がいますが、つらく悲しいことがあるのではなく、「つらく悲しい」と解釈している自分がいるだけなのです。

マイナスの出来事が存在するのではなく、出来事はすべてもともとゼロである。

ですから、私はどのような悲劇的なこと・不幸なことを相談されても、「そのような不幸や悲劇は、とらえ方によるものだと思いますよ」といい続けてきました。

小林正観の唱える「プラス思考」とは、マイナスの出来事（不幸や悲劇）をプラスにとらえなさい、というのではなく、「もともと現象は全部ゼロである。それを否定的にとらえたがゆえにマイナス現象になっているだけ。もともとゼロなのだから、それをプラスにとらえてみたら面白いのではないか」といっているのです。

現象や出来事を「つらい、悲しい」と否定的にとらえたとしても、これは個人の権利、その人の趣味の世界ですから私がとやかくいうことではありません。しかし、不幸や悲劇が存在するではないか、といわれたときには、「そういう現象が存在するわけではなく、本人がそう決めているだけですよね」とお答えするほかはないのです。

すべての現象は、自分が決めています。

「自由」とは「自らに由《よ》る」と書きますが、現象や出来事を「不幸だ、悲劇だ」ととらえるのも自由である反面、「嬉しい、楽しい、幸せ」ととらえ、さらに「ありがとう」と、感謝の気持ちでとらえることも自由なのです。

どんな現象も見方次第です。

宇宙には「幸」も「不幸」もない。「プラス」も「マイナス」もない。「成功」も「失敗」もない。「敵」も「味方」もなく、「勝利」も「敗北」もない。〃宇宙的〃には、〃絶対的なもの〃として、それらは何一つ存在していないのです。「そう思う心」があるだけです。

お釈迦さまは、そのことがわかっていて「色即是空《しきそくぜくう》」の言葉を後世に伝えたかったのではないでしょうか。

お釈迦さまは「自分が死んでから一〇〇〇年は、正しい教えが伝わる（正法の時代）。一〇〇〇～二〇〇〇年はよく似た教えが伝わり、二〇〇〇年たつと間違って伝えられる（末法の時代）。ただし、末法の世になって五〇〇年ほどすると、インドのはるか東方にあるジャブトーバーという国で、私の教えが正しく理解され、その国の〃争わない〃〃闘わない〃〃助け合う〃という思想と相まって、争いごとのない時代を迎えるであろう」と予言して、死んでいったのです。

「色」とは、自分が決める「幸」や「不幸」のことではなかったのでしょうか。

私の人生のうち、二〇世紀が五二年でした。その五二年で把握できた（と私が思っている）「幸せ」というものの基本構造を、二〇世紀中に書けたことを喜びに思います。

二〇世紀、私にかかわってくださった方すべてに、そして二一世紀、かかわってくださる方すべてに感謝します。

小林正観

しあわせの宇宙構造　目次

はじめに 3

第一章 幸せの構造

「幸せ」という名の現象は存在しない 18
幸せは、歩いてこない。そして幸せを追う必要もない 22
釣り上げられた魚は、幸せか不幸せか？ 26
当たり前を幸せと思えないのは、認識能力の欠如 29
夢や希望がなくても、幸せは常にそこにある 34
幸せと不幸せの振り子 38
凍えそうな一夜とぬるい豆乳が幸せに変わるとき 40
幸せの前には、必ず不幸といわれる出来事が存在している 45

濃く汚い泥がなければ、美しい蓮は咲くことができない　47
悩みや苦しみから解放される四つの悟り　54
知らない間に染みついている「とらわれ」や「こだわり」　57

第二章　ものの見方で現実はかわる

すべての現象を見る三つの見方　62
目の前の現象の幸・不幸を決めているのは自分　65
物事に色をつけない　66
悟りの言葉「色即是空」　69
ストレスは、「感じる」からストレスになる　71
大きなストレスを受け流す方法　73

究極の問題解決は、問題そのものがなくなること 76
数字を追いかけるのではなく、ゼロにすることで、幸せは無限大になる 80
一二の宮――ひとつの不運のおかげで、ほかのすべてが守られている 83
不運に感謝した瞬間、それは不運ではなくなる 86
病気も事故も、死ぬことさえ不幸ではない 88
人生は自分が書いたシナリオどおりに動いている 90
明日という日はない。「今」が続くだけ 93
どんな死に方をしても、すべてが寿命 95
思いどおりにならないことが、当たり前。それだけで現実はかわる 97
お金を盗まれたのが「私でよかった」といえる人 99
悩みがなくなるための三つの人格 101
無敵とは、戦って勝つことではなく、敵がいないこと 105
三つの帝国に住む人たち 107

第三章

「ありがとう」の奇跡

神さまに愛される人とは、感謝と実践の人　112

「命を助けてくれてありがとう」。ありがとうの奇跡　114

不平不満・愚痴・泣き言・悪口・文句は、「ありがとう貯金」をゼロにする　118

神さまを味方にするために大切なこと　120

「ありがとう」が体の細胞を活性化させる理由　124

仕事もお金も回り出す「ありがとう」の不思議　128

イライラして損をするのは自分。自分が得をする生き方とは何か　130

人生は自分が発した言葉でつくられている　133

ありがとうの語源　136

「祈り」も「願い」もただ感謝を伝えるという行為　139

第四章　日常の実践と人生の歩き方

正義感や使命感を振り回すと、周りを傷つける　144
「自分だけは違う」と思った瞬間に、相手を攻撃しはじめる　147
愛情という価値の押しつけをしていないか？　149
今、目の前にいる人に、言葉の贈り物をしていく　152
「三禁五戒」を超えた先にある「頼まれ事ワールド」　155
人生とは、喜ばれる存在になるということ　159
お金は自分のものではない。だから喜ばれるために使う　162
シナリオを書いた魂は、私の中にいる　164

物事をはじめるとき、風は吹いているか、川は流れているかを感じる　168
改名は人生の「さっぱり代」。それを楽しめるかどうか　169
「ついてる」と「憑かれた」で現実は大きくかわる　171
先に宇宙にお礼を伝えておく　174
お金持ちの共通項は、トイレ掃除　176
おわりに　186

イラスト　鯰江光二
ブックデザイン　ツカダデザイン

第一章

幸せの構造

「幸せ」という名の現象は存在しない

水前寺清子さんの歌に『三百六十五歩のマーチ』というのがありました。

しあわせは　歩いてこない
だから歩いて　ゆくんだね

という歌詞です。この歌は、春の甲子園の入場行進の曲に採用されましたし、大変多くの人に支持されました。聞いていて心地がよく元気が出る曲で、多くの人に親しまれている曲です。私自身も好きな曲ですが、ただ、大変理屈っぽくいうと、この冒頭に紹介した歌詞には少し考えさせられるものがあるように思うのです。

例えば、ガラスのコップを見たときに、一〇〇人が一〇〇人とも「これはガラスのコップである」と指をさします。

陶器の茶碗を見たときに、一〇〇人が一〇〇人とも「これは陶器の茶碗だ」と指をさします。

お箸《はし》を見たときに、「これは箸だ」と、一〇〇人が一〇〇人とも指をさします。

水晶を見たときも、「これは水晶だ」と、一〇〇人が一〇〇人、指をさすでしょう。

ダイヤモンドを見ても、一〇〇人が一〇〇人とも「これはダイヤモンドだ」と、いうでしょう。

物には名前があり、その性質を持っている物が、その名前となっているからです。

ところが、一〇〇人が一〇〇人とも指をさして「これが幸せだ」といえるものが果たしてあるでしょうか。

そういうものは地球上に存在しないのではないでしょうか。

例えば、Ａさんが「あること」を指して、「幸せだ」といっても、ＢさんやＣさんは「幸せじゃない」というかもしれません。


すべての人が納得をして「これがその名称を持つ物である」といえるものとして、確かに「物」が存在するのですが、「幸せ」という名の現象、事象というものは、この世

に存在しないのではないか、と思うようになりました。

これが、超常現象やいろいろな現象（もちろん一般的な現象も含めて）を見つめ、あるいは三〇年間、「幸せ」や「不幸」という現象をずっと煮詰めて思い至った、私なりの結論でした。

「どなたか私の目の前に、『幸せ』という名の現象なり、事物なりを持ってきてください」といったとします。

「はい、これがそうですよ」といって、私にそれを持って来られる人は、世の中に誰もいないでしょう。

もしその人が「これが幸せ」と思って持ってきたとしても、私が「これは違います」といえば、それは一〇〇人が一〇〇人とも指をさして「幸せ」といえるものではなくなってしまうのです。

では、今、地球上にその現象が存在しないとするならば、今までの歴史の中で、「幸せ」という名の現象が存在したことがあるのかどうか。それも答えは難しくはありません。

答えは否。

「幸せ」という名の現象は、過去にも存在したことはないのです。

「幸せ」という名の絶対的な現象、絶対的な価値は、未《いま》だかつて地球上に存在したことはない、ということがいえます。

では、存在していないにもかかわらず、「幸せ」という言葉が存在しているのはなぜなのでしょうか。

それは、「幸せ」という現象が存在するからです。

「ちょっと待ってください。『幸せという名の現象は存在しない』と、今あなたはいったばかりではないか」という読者諸氏の声が聞こえてきそうです。

もう一度いいましょう。

「幸せ」という名の絶対的な現象、絶対的な価値は、地球上に未だかつて存在したことはないのです。しかし、「幸せ」という名の現象が、実は存在するときがある。

それはどういうときかというと、「私」が「幸せ」だと思った瞬間です。そのとき「幸せ」はそこに存在するのです。

宇宙的にすべての人が絶対的な価値を持って「幸せだ」と思えるものは、地球上に存在はしていない。けれども、個人がこれを「幸せだ」と思ったとき、それがその人にとっての「幸せ」になります。

つまり、「幸せ」という現象は、ひとえに個人にのみ帰属するものであって、他の人が人の幸せについて口をはさみ、意見をいうべきものではないということです。

幸せは、歩いてこない。そして幸せを追う必要もない

「幸せ」はつかむものではなく、なるものでもありません。「幸せ」とは、「感じる」ものです。「幸せ」を感じた人にのみ、「幸せ」が生まれる、という構造になっているのです。

ドイツの詩人カール・ブッセは「山のあなた」というタイトルで、次のような詩を書きました。

山のあなたの空遠く

「幸《さいわい》」住むと人のいう。
ああ、われひとと尋《と》めゆきて、
涙さしぐみ、かへりきぬ。
山のあなたになお遠く
「幸《さいわい》」住むと人のいう。

（翻訳・上田敏）

山の向こうに「幸い」があるというので友人と訪ねてみた。ところが、山の向こうには「幸せ」などというものは存在せず、涙を流しながら帰ってきた、という意味です。ドイツ語には「涙を流す」という単語が二つあるそうですが、ひとつは喜びに満ちて涙を流すという意味、もうひとつは悲しみに満ちて涙を流すという意味です。この場合は、原典をあたってみると「悲しみに満ちて」のほうのようです。

つまり、「幸せ」に出会うことはできず、涙ながらに帰ってきたということになるのですが、それでもなお、「山のもっともっと遠くに、幸せはあると人はいっている」と書かれている詩です。

この詩もそうですが、冒頭で紹介した『三百六十五歩のマーチ』では、「幸せ」を次のような構造だと想定しているのかもしれません。

富士山のようなきれいな山があり、その七合目か八合目まで登っていくと、深さ二〇メートルくらいの洞窟がある。その奥に大蛇や蠍《さそり》や蜘蛛《くも》などが邪魔をしているところがあり、それをかき分けかき分け、妖怪たちと戦いながら進んでいくと、「幸せ」という名の大きな玉がある。その玉を手に入れたら幸せになれる。

このような意味で、私たちは「幸せは歩いてこない」というふうに受け入れてきたのかもしれません。

しかし、「幸せ」という名の現象や事象が地球上、宇宙上に存在しないようだとわかったとき、私たちは「幸せ」に向かって歩いていくことができないということに気がつきます。もともと存在しないものですから、歩いていくことはできないのです。

『三百六十五歩のマーチ』は、そんな理屈っぽいことを考えて作られたものではなく、多くの人を励まそうと思って作られたものだということは百も承知していますし、私もこの歌を聞くと元気になる人間の一人です。しかし、あえて理屈をこねくり回すと、そういうことになるのです。決してこの歌を否定しているわけではないのでご了承ください。ただ、理屈っぽくいうと、そういうことになるということだけをお伝えしたかったのです。

「幸せ」というものは、宇宙にも地球上にも存在していない。絶対的な現象、絶対的な価値を持つものとしては存在していない。ただ、Aさんが「幸せ」を感じたとき、あるいはBさんが「幸せ」を感じたときには、間違いなくそこに「幸せ」は存在するということです。

その人にとってのみ「幸せ」は存在するものであり、すべての人に共通する絶対的な価値を持つものとしては存在していないのだ、ということが、幸せの構造のもっとも基本的で重要な部分です。

ここのところがわかれば、人生はものすごく楽になります。

ひとえに「私」が「幸せ」を感じるかどうかで、「幸せ」が存在するかしないかが決まるのですから。

そうなると、「では、私が幸せだと思えば、どんな状態でもいいのですか」という質問が聞こえてきそうですが、まったくそのとおりです。その人が、「あ、私、幸せ」と思った瞬間に、その人は「幸せ」になるのです。

「幸せ」というものをずっと追究していくと、そういう結論になります。

釣り上げられた魚は、幸せか不幸せか？

海の中にたくさんの魚がすんでいます。そのうちの一匹は、いつも防波堤のあたりを泳いでいました。防波堤にはいつも人がいて、その人はいつも歌っていました。

海は広いな　大きいな
月がのぼるし　日が沈む

それを聞いた魚は、「海は広いな大きいな……？　海というのはいったいどんなものだろうか」といつも考えていました。

「どうもこの防波堤の上にいる生き物は、海というものを知っているらしい。だから歌を歌っているのだろう」というふうに、この魚は考えはじめました。そして、何十回も何百回も「海」という言葉を聞いているうちに、どうしても海が見たくなってしまいました。

そこで、「防波堤の人たちと近づくことができたら、海を見せてもらえるのではないか」と魚は考えるようになりました。

この〝哲学的な〟魚は、防波堤の人たちに近づくためのシステム——これは人間の言葉でいえば糸と針、つまり釣りなのですが——を見つけて、糸と針の周りを徘徊するようになりました。

そして、ある日とうとう、釣り上げられてしまいました。

二メートルほど釣り上げられて下を見下ろしたとき、魚ははじめて海というものを見ました。

「ああ、これが海か！　海というものはこんなに広く大きく、青く澄んでいて素晴らしいものだったんだ。海の上には白い雲が浮かび、青空が広がり、海はずっと果てしなく広がっている。わぁー、これが防波堤にいた人たちが歌っていた『海は広ぃな大きいな』の海なのか」

海から釣り上げられたことで海が見えたのですが、その結果、この魚は呼吸ができず、大変つらい思いを味わわなければなりませんでした。逆にいうと、海から釣り上げられてつらい思いをしてはじめて、この魚は海を見ることができたのです。

釣り上げられた魚を「私」といいます。

釣り上げた人を「神さま」と呼びます。

釣り上げられた状態を「災難（病気・事故・トラブル）」といいます。

そして、今まで魚がすんでいた海を「幸せ」と呼びます。

これを私は「幸」と書いて「海の幸《さち》」と名づけることにしました。釣り上げられて苦しんでいる状態を「海の苦しみ」と名づけました。

海にいる魚は、海にいることがわからない。

海の中にすんでいる魚は、海の姿を一生涯、知ることなく終わるのです。**海の外に出てみて、はじめて海の姿がわかる。そういう構造になっています。**

当たり前を幸せと思えないのは、認識能力の欠如

ある講演会で、「例えば、偏頭痛の人はいませんか」と聞いたところ、ある三〇代半ばくらいの女性が手を挙げました。

「どのくらいの偏頭痛なのですか」

と聞くと、一〇年ほど偏頭痛で苦しんでいる、ということでした。西洋医学はもちろん、鍼《はり》や灸などの東洋医学の治療もいろいろやったのですが、治らないそうです。

「今も痛いのですか」

と聞くと、「今も痛いです」ということでした。

偏頭痛とは頭部の片側に起こる発作的な頭痛で、頭部全体に及ぶこともあります。あまりにもひどいときは嘔吐《おうと》などの症状も出るようです。

それで、私はその方に聞きました。

「もし、その偏頭痛がなくなったら、どんな感じでしょうね」

その方はこう答えました。

「この偏頭痛がなくなるんだったら、全財産を投げ出しても惜しくないくらいです」と。

たまたま、その会の終わりに、その会場に集まった約八〇人のうちの半分の方とハグをすることになりました。

その列に彼女も並び、二〇秒ほどハグをしたのですが、その間に、「あら？　おかしい」といって、頭を右に左に振りはじめました。

「あら？　どうしたんだろう。痛くない」

そして、げんこつで頭をゴンゴンと叩きはじめました。

「えっ、痛くない」と彼女はいいます。

「えっ、それは痛いでしょう」

と私はいったのですが、彼女はげんこつで頭を叩きながら、「痛くない、痛くない。おかしい」といったのです。

彼女は深々とお辞儀をして、「痛みがなくなりました。本当にありがとうございました」と、満面の笑みをたたえて帰っていきました。

彼女は一〇年間も偏頭痛に苦しんできて、それが治ったときに、ものすごく大きな幸せを感じたのです。

病気をさせられるなど、そういう現象をいつも背負わされていると、それがなくなったときには、本当に心の底から幸せを感じます。

しかし、そういう問題がないとき、私たちは問題がない状態を当たり前だと考えてしまう。だから、**実は幸せの極《きわ》みに生きているにもかかわらず、私たちは幸せであることが認識できないのです。**これは認識能力の欠如です。

「幸せ」というものが宇宙に、地球に存在するわけではないけれど、私たちの周りに、実は「幸せ」は山ほどころがっている。それなのに、その「幸せ」が認識できないだけ。宇宙構造はそういうふうになっています。

もう一人、同じような方がいました。

一〇年ほど前から、左半身に大変大きな神経痛を抱え、左の肩から腕、左腰、左足に至るまで、ずっと激しい痛みに襲われていたというのです。

私の講演会にいらしたときも、数十ヵ所に貼り薬をつけていました。七〇歳を超していたかと思いますが、私とハグをすることで、ときたま痛みがとれる人がいるという話を聞いて、私とハグをすることになりました。

ハグをした直後はなんの変化もなかったそうですが、その日の夜、お風呂に入ったところ、一〇年間ではじめて貼り薬がぽろっとはがれ落ち、そのまま貼らずに寝たのだそうです。

そして、その翌朝、目が覚めたら痛みが嘘のようになくなっていたとのことでした。

その方は一〇年ぶりに痛みのない朝を迎えて、本当に幸せを感じたのだそうです。

先ほどの偏頭痛の方、そしてこの神経痛の方のことを考えてみます。

この方たちは、頭や体の痛さにずっと耐えてきました。朝起きるたびにその痛みが当たり前であり、痛いことが日常生活だったわけです。ところが、あるときから突然にその痛みがなくなったことで、とても大きな「幸せ」を感じたということでした。痛みのないときを迎えたことは、どんなにか幸せであったに違いありません。

ここで、私が何回も述べている「幸せ」の構造というものが明らかになってきます。

つまり、私たちは「何もない、普通の生活」がもっとも「幸せ」なのであり、何か「幸せ」という名の現象を求めている間は、「幸せ」を感じ取ることはできないというこ

とです。

「幸せ」の本質は、「何もない、普通の日々」が淡々と過ぎていくこと。

普通の、何もない日々が最高の「幸せ」であるのだと感じること。ここにこそ、「幸せ」が存在します。そこにしか「幸せ」は存在しないのです。

釣り上げられた魚の話をもう一度思い出してください。釣り上げられたとき、魚ははじめて海を見ることができました。自分が「幸せ」という名の海から外に釣り上げられて、はじめて「幸せ」というものが見えました。

「幸せが見たい、見たい」と希望した結果、神さまが釣り人として「私」である魚を釣り上げてくれたわけです。もし、「私（魚）」が幸せを見たいと希望しなかったならば、神さまは決して釣り上げたりしませんでした。

神さまは限りない優しさをもって、私たちの希望どおりにしてくれただけなのです。

「幸せを見たい」「幸せを知りたい」と希望し続けた結果、神さまは限りない優しさをもって、私たちに「幸せ」の本質を見せてくださった。その見せてくださった現象というものが、魚にとっては、海の外に釣り上げられた苦しい状態ということになります。

では、もし、「幸せを見たい」「幸せを知りたい」と希望しなかったならば、どうでしょう。

答えは簡単です。神さまは「幸せを見たい。海を見たい」という希望を一〇〇パーセント叶えようとしただけなのですから、希望しなければ、それをしません。

つまり、自分が「幸せ」という名の海に泳いでいる魚であることが、今わかったとすると、神さまは釣り上げることはしません。つまり、私たちは釣り上げられる（災難＝病気・事故・トラブルに巻き込まれる）ことが、ほとんどなくなるといってよいのです。

ですから、もしこの文章を読んで、「そうか、『幸せ』の本質とは感じるものであって、『幸せ』の中にいる『私』というものが自覚できたら、釣り上げられないんだな」ということがわかったとしたら、もうその人は病気や事故やトラブルに遭うことはないのだということです。

夢や希望がなくても、幸せは常にそこにある

京都・竜安寺《りょうあんじ》に「知足《ちそく》のつくばい」というものがあります。これはあの水戸黄門さま

として有名な水戸光圀《みつくに》公が、この寺に寄進したものといわれています。

「知足のつくばい」とは、円形の石の真ん中に四角を切り込み、その中に水を入れた手《ちょう》水《ず》鉢ですが、その四角の上には「五」という文字が、四角の右側には「隹」、下には「龰」、左側には「矢」の文字が刻み込まれています。これを右回りに読むと「吾唯足知（われただ　足るを　知る）」という漢文になります。

「私は、ただ満足することを知っているだけだ」という禅の極致を書いたものです。

「幸せ」になることの根源というのは、ただ満足することを知っているだけ。それによって「幸せ」になれるという、禅の奥義《おうぎ》のことです。

あれが足りない、これが足りないといっている間は、決して「幸せ」になることはない。今、「私」が置かれている状況が「幸せ」の極致なのだということに気がついたならば、私たちは本当に、今この瞬間に「幸せ」になることができます。

私の名刺の裏には、「あなたの健康と幸せを祈って〝念〟を入れています」と書いてあります。

「あなたの健康と幸せを祈って……？『幸せ』というものがないのであれば、小林さん、『幸せを祈って』というのは意味がないのではありませんか」と問われそうです。
私が名刺に書いている「幸せを祈る」の「幸せ」とは、「何も起きないこと」という意味です。

何も起きないこと。

ただ淡々とした日々が、淡々と過ぎていくこと。

何事も特別なことが起きず——くじが当たることもなく、海外旅行が当たることもなく、もちろん交通事故も起きず、大きな病気もせずに——ただ普通の日々が普通に過ぎていくこと。それが淡々と毎日毎日、何百日と過ぎていくこと。これが実は「幸せ」の本質、究極の姿であるということがわかりました。

「幸せ」とは、求めて求めて何かを手に入れることではなく、今、目の前に存在する現象について、「私」が「幸せだ」と思うこと、そこに尽きるのです。

よく講演会などで、私が「夢も希望もない生活をしているんです」と話すと、みなさんはどっと笑います。「夢も希望もない」というのは東京ぼん太という芸人さんの口癖でしたが、最近は私の口癖にもなってしまいました。

私は、週の休みも、月の休みも、年の休みもありません。酒もタバコもやらず、パチンコ、マージャン、ゴルフ、テニスなどもやりません。

「何が楽しくて生きているんですか」と聞かれるのですが、「呼吸しているだけで楽しい」と答えると、けげんな顔をされます。呼吸しているだけで楽しい、という気持ちがわからないというのです。

「では、呼吸しているだけで楽しく幸せ、という気持ちをわからせてあげましょう」といって、次のようにお話しします。

「ではみなさん、呼吸を止めてみてください。苦しいですから」

それはそうでしょう。呼吸を止めたら苦しい。

「ほら、呼吸しているだけで幸せ、というのがわかったでしょう」

息を止めてみるだけで、苦しいのです。呼吸ができていることだけで幸せなのです。

みなさん、そこに気がつかないだけです。

私たちはいつも、素晴らしい「幸せ」に囲まれている。それに気がつけば、「幸せ」の海の中に生きていることがわかるのです。

幸せと不幸せの振り子

私たちの目から見て、右半分が一般的にいわれる「不幸（つらい、悲しいという現象）」で、左半分が一般的に「幸福」と呼ばれる振り子があると思ってください。

私たちが「幸せになりたい、幸せにしてください」とお願いをすると、神さまは「わかりました」といって、振り子を右側（不幸側）に、引っ張れるだけ引っ張っていくのです。その結果として、私たちは「もうこれ以上耐えられない。ギブアップ、ギブアップ」というふうに音《ね》を上げます。

すると、神さまは「わかった」といって、振り子を手放すと、その振り子はビューンと真ん中をとおり過ぎて、左半分、つまり幸福側に行きます。

右側（不幸側）に引っ張り上げられた角度が四五度ならば、振り子が左側（幸福側）に行く角度も四五度。右側に引っ張り上げられた角度が九〇度ならば、左側に上がる角度も九〇度です。

もし、相当、我慢強い人がいたとして、右側に一二〇度に達するまで引っ張られて、そこでギブアップをしたなら、振り子は左側に一二〇度、大きく振れます。

神さまは、幸せをそういう構造にしたようです。

具体的な例でいうと、丸一日、山の中で遭難して何も食べられなかったとします。その遭難した一日があったからこそ、里に下りてきて助かったときに口にする一杯のおかゆがこの上なくおいしく、楽しく幸せで、素晴らしいものになります。

しかし、毎日来る日も来る日も、贅沢なものを食べ続けていたとしたら、その一杯の温かなおかゆの価値は、わかりはしません。そこに喜びを感じるためには、その前に非常に悲しくつらいと一般的にいわれるような現象が存在しなければならないのです。

では、よく考えてみましょう。その空腹の結果として、おいしいという「幸せ」があったならば、その空腹という現象は果たして不幸であったのか。つらいことであったのか。

そのときはそうであったかもしれませんが、結果として空腹はおいしさの前半分であった、ということに気がつきます。

空腹という現象がなければ、おいしいという現象に絶対に至らなかった、という因果

関係に気がつきます。

では、お腹が空いていた、大変だったという現象は、不幸なことであったのか。

そうではないでしょう。

「幸せ」という名の現象を「私」が感じるためには、その前半分の現象として、つらく悲しいと一般的にいわれているようなことが必要だったのです。そうでなければ、おいしいという現象を感じることはなかった。

丸一日、山で遭難して何も食べられなかったという現象があって、はじめてそのほんのりした温かさのおかゆが「幸せだ」と思えるのです。

凍えそうな一夜とぬるい豆乳が幸せに変わるとき

二〇〇〇年一〇月五日から一五日まで、私たちは六三人で中国のシルクロードを旅していました。

一〇月一〇日の夜、トルファン（玄奘三蔵《げんじょうさんぞう》が七世紀はじめ、西域旅行で最初に立ち寄った高昌国《こうしょうこく》があったところ）から敦煌《とんこう》の入口である柳園《りゅうえん》までの七〇〇キロメートルを、特急の夜行寝台列車（一等）で旅することになりました。トルファンを出発したのは夜九時です。柳園の駅に着いたのは翌日の午前八時二七分。一一時間半の旅でした。さらに柳園の駅から敦煌までは一時間半のバス旅です。

夜九時に出発した特急列車は、夜遅くずっとゴビ砂漠を走り続けました。寝台には暖房設備がついていましたが、スイッチを切っているため機能していませんでした。あまりにも寒いので、中国人のガイドさんが暖房のスイッチを入れてくれるように車掌室までいいに行きましたが、まだ暖房を入れる時期ではないという理由で、答えは「ノー」でした。

一〇月一〇日は例年になく寒い日となり、たまたまこの日は滅多に起きない寒さとなったようでした。

特急寝台は四人で一つの個室になっており、外側に通路があるのですが、朝起きると、通路の床の濡れていた部分が氷になっていました。つまり、零度以下になっていたということです。部屋の中は三度か四度くらいあったと思いますが、通路は多分、零度か氷点下一度くらいだったでしょう。カチカチに凍っていて、歩くのもままならない状態でした。

駅に降り立ったときに、外の空気は氷点下三度くらいだったのではないかと思います。この日は快晴でしたが、もし雨などが降っていれば、完全に雪になっていたことでしょう。

みんな体中が凍えていました。私の乗った車両は暖房もなく蒲団一枚しかありませんでしたが、蒲団があるだけまだ恵まれていたのです。違う車両に乗った人は、それが臨時に連結した車両であったため、毛布一枚しかなかったのです。

このように暖房もなければ体を温めるものもないところで、零度以下の気温の中、私たちは一一時間半、寒さに耐え忍ぶという一夜を過ごしたのでした。

中国人ガイドさんが暖房を入れてくれるよう頼みに行ったあと、その車掌が車掌室で一人、毛布もなしに制服の襟を両手で合わせながら眠っていたそうです。決められたとおりに一生懸命やっているその車掌さんは、頑固で融通がきかないといえばそれまでですが、そういう律儀な生き方をしているところに、私は好意を持ったことを覚えています。

柳園の駅に着いて、そこから二〇〇メートルほど先の食堂で朝食をとることになりました。朝九時くらいのことです。

芯から冷えた体を温めようと、とにかく温かい食事が待っているのではないかと期待をしながらその食堂に入ったのですが、部屋はしんと冷えこんでいて、まったく暖かくはありませんでした。

最初に出てきたのが、うすい豆乳（と思われるもの）でした。それも体温よりわずかに温かいくらいで、三七度か三八度くらいのぬるい豆乳でした。

それでもそれを両手で包みこんで、私たちは飲みはじめました。

みんなが同じ前傾の姿勢になり、体を丸め、その茶碗を本当に大事そうに両手で押し包みながら口元に持っていっていました。

全員が同じ姿勢で豆乳を飲んでいる光景に、私は感動を覚えました。この人たちと旅ができて本当によかった、と心の底から思いました。

六二人（私を含めて六三人ですが）がみんな同じ姿をしていた光景がとても美しかったのです。

その夜汽車の中で、団体の責任者である私に対して「なんとかしてくれ」といいに来た人は、誰もいませんでした。朝、二〇〇メートル移動したバスの中でも、「寒くてどうしようもなかった」とクレームをつける人はいませんでした。みんな私の話を何百時間と聞いてきて、心の勉強をしてきた人たちということはわかっていましたが、零度になる寒い列車の中で一一時間半も過ごし、誰も一言も文句をいわないということは、すごいことなのです。

ですから、みんな笑顔でそのぬるい豆乳を押しいただいて飲んでいる光景に、私は感動したのでした。

もし、暖かい車内であったならば、私たちはこの豆乳をきっと「ぬるいじゃないか、おいしくないじゃないか」といったに違いありません。

ぬるい豆乳を、心から温かそうに飲むという「幸せ」を味わうことができたのは、一一時間半にわたる寒い時間があったからこそでした。

では、その寒い一夜は不幸だったのか。

そうではありません。そのほんのりとぬるい豆乳、そして続いて出てきた、やはり同じようにぬるいおかゆ。この温かさを、みんなが手に取りながら、手を温めながらいただいたのです。「押しいただく」という表現が本当にぴったりする光景でした。おいしいと感じられたのは、その寒い一夜のおかげなのです。

幸せの前には、必ず不幸といわれる出来事が存在している

私は茶道はやりませんが、私なりに千利休という人が、茶道の祖として何を考えていたかがわかるような気がするのです。

雲水《うんすい》は冬の寒いときでも托鉢《たくはつ》椀を手にして喜捨《きしゃ》を求めて歩きます。そのとき寒さをしのぐために温石《うんじゃく》（石を温めたもの）を懐《ふところ》に入れて歩くことを懐石《かいせき》といいました。懐石は熱過ぎると手が火傷《やけど》してしまうので、ほんのりと温めるのですが、その温石のように簡素でほんのり温かい精進料理が、懐石料理というものでした。現在、懐石料理は手間暇をかけた最高級料理になってしまいましたが、本来は雲水たちが懐に入れたほんのり温かい「懐石」を思わせるような、簡素な食事を意味したのです。

利休がいった茶道の真髄とは、この温かい一杯のお茶に、万感の思いを込めて幸せを感じなさい、ということだったのではないでしょうか。

すべての贅《ぜい》を削ぎ落とした簡素さというものが、本当の「幸せ」を感じる根源だった

のではないでしょうか。

これは先ほど書いた「知足のつくばい」とも通じるものですが、結局、禅の考え方——懐石料理も温石も茶道も禅の思想から出てきたものですが——の真髄とは、小さな温かさ、小さな喜びに「幸せ」の本質を感じることではなかったのだろうか、というふうに私は思います。

私たちは期せずして中国シルクロードの旅の際、一〇月一〇日の夜から翌朝にかけて、利休がもしかしたら考えていたかもしれない「幸せ」の本質というものに出合ったような気がします。

その一夜の一一時間半の零度の寒さは、私たちにとって不幸だったのか、悲劇だったのか。

決してそうではありません。その寒さゆえに、ぬるい豆乳やおかゆが、本当に幸せで幸せで仕方がなかったのですから。

「幸せ」を感じるためには、必ずその前半分に一般的にいわれるつらいことや悲しいこと、大変なことというものが存在しているのです。

その構造がわかったときに、もう私たちはつらいことや悲しいこと、大変なことに対して落ち込んだりしなくなるのではないでしょうか。

それが「幸せ」の前半分であるらしいということに気がついたところから、人生はまったく違う展開を見せてくるのです。

濃く汚い泥がなければ、美しい蓮は咲くことができない

お釈迦さまの台座の花は蓮の花です。なぜお釈迦さまの台座に、蓮の花が選ばれたのか。

蓮の花は、泥水の中からしか立ち上がってきません。真水であったなら、蓮は立ち上がってこないのです。泥がどうしても必要なのです。

泥とは、人生になぞらえれば、つらいことや悲しいこと、大変なこと。

蓮の花とは、まさに人生の花を咲かせること。

そして、その花の中にある実が「悟り」ということにほかなりません。

つらく悲しい思いがなければ、人間は悟ることがないのだ、ということをお釈迦さま

は教えたかったらしいのです。

私自身はこの一〇年ほど、蓮の花をずいぶん観察してきました。その結果わかったことがあります。

泥水が濃ければ濃いほど（水が汚ければ汚いほど）、蓮は大輪の花を咲かせるということです。大きいものでは直径二〇センチになるものもありますが、三～四センチにしかならない小さな蓮の花もあります。

小さな花の場合、その根にあるのは大変きれいな水です。泥水ではなく真水に近いようなきれいな水である場合、蓮は小さな花しか咲かせません。

蓮の花には、三つの特徴があります。

一・花果同時《かかどうじ》……花と果実が同時に咲く（開く）という意味です。蓮の花はだいたい三日間咲き、四日目には散りはじめるのですが、開いたときにはすでに実が中にあります。普通の花は開いた花の中に雄《お》しべと雌《め》しべがあり、蜜蜂や蝶などにより受粉され結実するわけですが、蓮の場合は、花が開いたときにすでに実が存在しています。シャワーの蛇口のような姿形をしていて、これがとてもおいしく、蓮の実のお菓子としても売られています。

二・汚泥不染《おでいふせん》……汚れた泥に決して染まらないという意味です。立ち上がってきた蓮の花には泥がまったくついていません。泥の色にも染まっていません。泥の影響を受けずに、ただひたすら崇高に咲いています。これが汚泥不染ということです。

三・蓮にあだ花なし……「あだ花」とは咲き損なったり、きれいに開かなかった花のことをいいますが、蓮の花はあだ花がなく、すべての花がきれいに完璧に咲くということをいっています。

どんな悩み・苦しみ・大変なことがあっても、そこから立ち上がり、泥を突き抜けて花を咲かせた人は必ず悟り、美しいものを自分の手に入れる、ということを蓮の花が物語っています。

美しい花を咲かせるためには泥が必要であるということを、お釈迦さまは後世の人に伝えたかったようです。

そして、お釈迦さまはこの蓮の花の有りようについて、ひとつの経文を残しました。それが蓮の花の教え「蓮華経《れんげきょう》」というものです。法華経も蓮華経も同じもので、蓮の花の教えについて記したものです。

私たちはいろいろな悲しみ・つらさ・大変なことなどを経験しないと、美しい花を咲かせることはない、ということのようです。

逆に、花を咲かせるために、そういうものが必要であるとわかれば、悲しみや苦しみに見舞われたとき、「ああ、私は美しい花を咲かせることができる」と思えるのではないでしょうか。

つまり、それをつらいことや不幸なこと、悲劇的なこと、というふうにとらえるのではなく、「ああ、この結果として私は大きな悟り、美しい世界に導かれていくのだな」と思うことができれば、先ほどの時計の振り子と同じように因果関係が見えてくるような気がします。

美しい蓮の花を咲かせるためには、どうしても泥水が必要なのです。そして、その泥水が濃ければ濃いほど、汚ければ汚いほど、美しく大きな花を咲かせることができる。

つらいことや悲しい出来事など、一般的に不幸といわれていることが、実は自分自身にとって、ものすごく嬉しく楽しく、幸せで素晴らしいこと、そして、ありがたいことだということに気がつきます。

それをお釈迦さまは後世の人に教えたかったらしいのです。その象徴として、蓮の花が台座に選ばれました。

大阪に青木正之さんという写真家がいらっしゃいます。

この方は私の蓮の花の話を聞いて、一九九八年から毎夏、蓮の花を撮るようになりました。その素晴らしい写真に私はとても驚き、これは世の中の人に見てもらいたいと思い、九八年には絵葉書を、翌九九年にはカレンダーを作りました。

そのカレンダーについて、大変面白い事例が報告されました。

ひとつは、そのカレンダーの写真の前に、花瓶に生けたバラを飾っておいたところ、そのバラは枯れるどころか、カレンダーの蓮と同じような形になった、というのです。

その二ヵ月後、また別の方（最初の方と知り合いではありません）から報告がありました。花瓶に生けたユリをカレンダーの写真の前に置いておいたところ、本来、ユリは横に向いていますが、枯れはじめたとき、ほかの場所に置いてあったユリは下にしおれたにもかかわらず、そのユリだけは、下向きにしおれるどころか、上に向いていき、なんと蓮の写真のとおりになった、というのです。

この二つの話が報告された時点で、私は大変に衝撃を受けました。

さらに、その後、三つ目の報告がなされます。

それは、バラでもユリでもない花を、たまたま花瓶に生けてカレンダーの前に置いておいたところ、枯れた花がその本来の色を失って、カレンダーの蓮の色に似てきたというのです。

バラの香りには人を癒《いや》す力があります。またユリの花は、その香りがするところでは、闘争心や憎しみの心がなくなり、人を穏やかにする力があるといわれ、球根は鎮静剤に使われるほどです。そういう霊格（花に格があるとするなら「花格」というのでしょうか）の高いバラ、あるいはユリさえもが、蓮の花に似ようとするらしいというのですから、「花格」という点で、蓮はさらに格の高い花なのかもしれません。

蓮の花というのは、悩み・苦しみ・苦悩・煩悩を是として、それも美しい花を咲かせる（悟る）ためにどうしても必要なんだということを、実際に身をもって教えに来ているのですから、その花の影響として、私たちの体の細胞も変わっていく可能性があるということです。

本物の蓮の花を飾っておくことがいちばんいいように思うのですが、一年中飾っておくことはできないので、カレンダーの写真を部屋に置いておくことで、そこにいる人間の細胞組織も変わるような気がします。

それがどのように変わるかというと、悩み・苦しみ・苦悩・煩悩・つらいこと・悲しいこと・大変なことを「もしかすると、これは美しい花を咲かせるために、悟るために必要なものなのではないか」と思うようになるということです。

その結果として、当然「つらい」「悲しい」「大変だ」という言葉は出てこなくなるでしょうし、前向きに明るく楽しい人生観になるのではないでしょうか。

写真家の青木さんは、その蓮の花が持っている「悲しみや不幸を喜びにかえる力」を写し取り、見る人に投げかけているように思えます。

その素晴らしい写真の数々をカレンダーとして出すにあたり、私も短い言葉を添えて参加させていただきました。この蓮の花のカレンダーが一人でも多くの人の目に触れ、一つでも多くの部屋に飾られることで、悲しみやつらさというものを美しい花に転化できる、置きかえられる人が増えることを心より祈っています。

悩みや苦しみから解放される四つの悟り

お釈迦さまが悟った道のりというのはいくつもあるのですが、その中のひとつに四諦《したい》という考え方があります。四つの諦《あきら》め、四つの悟りということです。「諦」という文字は、諦観《ていかん》、諦念《ていねん》という言葉に示されるように、心の落ち着き、悟りを示しています。

お釈迦さまのいった四諦というのはこういうものでした。

第一の悟りは「苦諦《くたい》」。人生は苦悩に満ちているという悟りです。

第二の悟りは「集諦《じったい》」。執着が悩み・苦しみの元である、という悟りです。

第三の悟りは「滅諦《めったい》」。執着によって悩み・苦しみが存在するのだから、執着やこだわり、とらわれをなくせば、悩みや苦しみがなくなるのではないか、という悟りです。

第四の悟りは、「道諦《どうたい》」。執着やこだわり、とらわれをなくすということを、日常生活のありとあらゆるときに行うということで、この「道」というのは「行う」「実践する」

という意味です。

この四つの悟りを「苦集滅道《くじゅうめつどう》」と表現しました。

お釈迦さまはこれを実践していくことで、実際に悩み・苦しみから離れることができました。これを解脱《げだつ》というようですが、すべての人がこれを確立して実践していくと、悩み・苦しみから解き放たれ、解脱できるらしいのです。

結局、悩み・苦しみというのは、こうでなければならないとか、ああでなければならない、こうすべきだ、という「とらわれ」や「こだわり」が自分の中に色濃く残っているがゆえに、自分自身を縛りつけて苦しんでいるということになりそうです。

「仏」という言葉は、すべての束縛からほどけた人、自由になった人という意味でした。

「ほどけた人」から「ほとけ」という言葉が生まれたようです。

ある方がこんな質問をしました。

「私は夫が死んでから、七年間納骨していない（墓に入れていない）のですが、別にこだわる必要なんかありませんよね」

いろいろなことにこだわらなくてよいのではないですか、という話を私はしてきましたので、その方は安心してその質問をされたようです。

私の答えはこういうものでした。

「こだわらなくてよいのですが、では、なぜ『納骨をしないぞ』と七年間も頑張り続けているのですか。こだわらなくてよいのであれば、納骨をすればよいではありませんか」

予想外の答えが返ってきて、その方はショックだったようです。

たまたまその場に（これも偶然といえば偶然ですが、偶然でないといえば偶然でなく）墓石屋さんと僧侶がいらして、「まったくそのとおりです」と、お二人とも笑顔でおっしゃいました。

質問されたその方も頭のよい方なのでしょう。「よくわかりました」ということで、笑顔で話が収まりました。

「いろいろなことにこだわらなくていい。執着しなくてよいのではないか。そうすれば悩みや苦しみがなくなるのではないか」ということは、本当に悩み・苦しみの根源を絶つという意味で、重要なことだと思います。

しかし、こだわらなくてよいのだということを逆手にとって、常識的でないことをずっとし続けるということも、逆にこだわりなのではないでしょうか。

知らない間に染みついている「とらわれ」や「こだわり」

ある高校生の女の子が、親の反対を押し切って髪の毛を染めました。親が「なんでそんなことをしたんだ」と問いただし、とにかく元に戻せといったようですが、子どもの答えはこういうものでした。

「髪の毛の色によって、人格や自分の価値がかわるわけではないのだから、そんなことでああだこうだいってほしくない」

たまたまその問答を私は目の前で聞いていました。別に高校生が髪の毛を染めようが染めまいが、私にとってはどうでもよいことで、それによってその人の価値がかわるとは思っていないのです。けれど、その高校生の女の子の発言が、ちょっと気になりました。

そこで彼女に聞きました。小学生の頃からよく知っているので、笑顔で直接話ができるのです。

「今の言葉をもう一度いってくれる？」

彼女はもう一度いい直しました。

「髪の毛を染めたからって、それによって人格や価値がかわるわけではないのだから、そんなことでとやかくいわれたくないと思うんです」

「もう一回確認するけれど」

と私はいい直しました。

「髪の毛の色によって、人格や価値が全然かわらないって、いってるんですよね。そういうことでいいですね」

「そうです」

と彼女は答えました。

そこで私は聞きました。

「じゃあ、なんで髪の毛を染めたんですか」

私の問いに対して、彼女は目を白黒させて、二、三分間黙っていました。口をモゴモゴさせて言葉が出てこないようで、そのまま自分の部屋に帰っていきました。

これは、私が半年に一度ほど訪れている行きつけの宿での話ですが、それから半年ほどたって同じ宿に行きますと、親が大変喜んだ顔でこういいました。

「小林さんと話した三日後くらいに、あの子は髪の毛を黒く戻して、普通の子になりました。ありがとうございました」

私は髪の毛を染めるのがいいとか悪いとか、そういうことをいっているのではありません。**ただ、こだわるということ、そういうものにとらわれているということが、実は悩みや苦しみの元になっているのではないか、ということをいいたいのです。**

「髪の毛を染めることがいいとか悪いとか、そういうことでとやかくいわれたくない。人格や価値にはまったく関係がないじゃないか」と主張するのであれば、染める必要はないのです。

染めるのが面白いと思ったから染めたのであれば、私は何もいいませんでした。けれども、「染めることによって何もかわらないのに」と反論をしたということは、そこに「とらわれ」とか「こだわり」があるということなので、それを指摘したのです。

そういう一つひとつの「とらわれ」や「こだわり」がなくなったら、人間は本当に楽になることができるのです。

第二章

ものの見方で現実はかわる

すべての現象を見る三つの見方

「はじめに」にもありますが、私は冗談半分に「見方道の家元」を自称しています。

コップに水が半分入っているとき、三つの見方があります。


一つ目。「半分しかないじゃないか。不愉快だ」という見方。

二つ目。「半分も入っていて嬉しい、楽しい、幸せ」と思い、喜びとする見方。

三つ目。「何者かが半分残していてくださって、ありがたい。ありがとう」という感謝の心で見る見方です。


一つ目の見方は、物事を否定的に見る考え方で、二つ目は物事を肯定的に見る考え方、そして三つ目は、感謝の心で物事をとらえるということです。

しかし、この三つはいずれも宇宙的に正しい認識ではありません。宇宙的な認識としての正しい見方は、「一〇〇cc入るコップに、水が半分の五〇cc入っている」という、ただそれだけです。

これが宇宙的な事実です。

先に挙げた三つの見方は、実は「色《しき》」というものです。

つまり、自分である種の見方・主観を加えて見たときのことですが、客観的な見方でいうと、単にコップに水が半分、入っているという事実だけです。

では、同じように一〇〇cc入るコップに、八〇ccの水が入っていたときを考えてみましょう。

第一の見方、否定的に考える人は、「八割しか入っていないじゃないか。なぜ八割しか入っていないんだ」というと思います。

二番目の肯定的に考える人は、「八割も入っていて嬉しい、楽しい、幸せ」ととらえます。

三番目の感謝の心でとらえる人は、「八割も何者かが残していてくださってありがたい」と考えます。

そういうふうに考えたとき、否定的な人は八割も入っていても、否定的にとらえ続けます。

逆に今度は二〇ccの水が入っていた場合を考えてみます。

「二割しか入っていないじゃないか」と思うのは、誰しも当たり前のことかもしれません。しかし、「二割も入っていて嬉しい、楽しい、幸せ」という人もいます。さらに、「何者かが二割入れていてくださって、ありがとう」「残しておいてくださって、ありがとう」という考え方もできるわけです。

その場合においても、事実はたった一つ。「一〇〇cc入るコップに二〇ccの水が入っている」という冷徹な事実です。ただそういう現象が存在しているだけです。

「たくさん入っている」とか「～しか入ってないじゃないか」、あるいは「～も入っていて嬉しい」「感謝している」というふうにとらえるのは、すべて自分の主観、自分が勝手にそういうふうに決めた結果です。

お釈迦さまは、この見方を「色」と名づけたのだと思います。

目の前の現象の幸・不幸を決めているのは自分

私たちは目が見えて、文字を読むことができます。そのときに、もうそれだけで目に関しては一〇〇パーセントの幸せを得ているはずなのに、それに気づかないどころか、不平をいっています。「私の人生は思いどおりにならない」とか「なぜこんなに努力しているのに、自分の思いが実現しないのか」など、不平不満をいいがちです。

しかし、目が見えるということだけを考えても、一〇〇パーセントどころか、一一〇パーセントも一二〇パーセントも幸せであることに気づきます。

耳も、音が聞こえ言葉が聞き取れれば、それだけで一〇〇パーセント、機能しているわけです。そういうすでに存在している幸せに対して、私たちはあまりにも当たり前、当然というとらえ方をしてはいないでしょうか。

先に紹介したコップの水に関していえば、八〇パーセント入っている水でさえも不満に思う人がいて、一方で二〇パーセントの水でも幸せに思う人がいる。このことをぜひ考えてみてください。

その現象をどのようにとらえるかというのは、すべて自分の問題です。**その現象そのものが「幸・不幸」を決めているわけではないのです。**このことに気がついたときから、私たちは新しい人生に足を踏み入れることになるのです。

物事に色をつけない

般若心経の中に「色《しき》即《そく》是《ぜ》空《くう》」という言葉があります。「色即《すなわ》ち是《こ》れ空《くう》なり」ということですが、前述したようにコップの水の半分を「半分しかない」と思うのも色です。「半分もあって嬉しい、楽しい、幸せ」と思うことも色です。さらに「何者かが半分残していてくださってありがたい」と思うことも色です。

しかし、現実にはただコップに半分の水が入っている、という事実が存在するだけです。

色すなわち、この本質は空。

空とは、よい悪いなどの評価・論評・価値判断など性格づけがされていない状態で、これをお釈迦さまは「空」といったのではないでしょうか。

暑い、寒い、嬉しい、楽しい、あるいはつまらないなど、そういうことさえも色であり、すべて自分が決めているということを、お釈迦さまは伝えたかったのではないかと思います。

お釈迦さまは三蔵（論《ろん》、律《りつ》、経《きょう》）で膨大な教えを残しました。この三蔵は、お釈迦さまの死後七〇〇年後に弟子たちによって集大成されたもので、お釈迦さま自らは何一つ文章を残していません。どうもお釈迦さまは自分の教えを文章に書いて後世に残したいとは考えていなかったようです。

ただ、般若心経だけは後世に残したかったお経であるらしいのです。

西暦六二九年に長安の都を出発した玄奘《げんじょう》三蔵は、六四五年に長安の都に帰りますが、一六年間の旅でした。その旅の出発の地、長安の都を経てシルクロードを西に行くにあたり、玄奘は不思議な出来事に遭遇します。

玄奘が歩いていると、ボロ布に包まれ病んだ老婆が声をかけました。

「お坊さま、お坊さま、この地方では私のような病気にかかって体に膿《うみ》がわいたとき、家族に膿を吸い取ってもらえば治るといわれています。お坊さまは家族ではないけれど、あなたに吸い取ってもらったら、私の病気も治りそうな気がするのです。どうかこの膿を吸い取ってくださらぬか」

しばらく考えていた玄奘は「わかりました」といって、その老婆の膿に口をつけます。

その瞬間、老婆はボッと音を立てて大きな光になったかと思うと、その光の中に数メートルの観音さまが現れました。そして、観音さまは玄奘を見下ろしてこういうのです。

「玄奘よ。おまえがどれほどの者であるか、よくわかった。これからおまえは西域を旅して天竺《てんじく》にお経を取りに行く間、何百回と死ぬような目に遭うであろう。どうしても自分の力だけでは切り抜けられない、助からないと思ったときには、一心不乱にこのお経を唱えよ。そうしたら、私たち観音をはじめ天上界の仏たちは、こぞっておまえを助けに行く。どんなことをしてでも守り通して、天竺までおまえを連れて行く」

そのときに教えたお経が般若心経であり、これこそがお釈迦さまにとって唯一、後世の人に伝えたい（残したい）お経であったらしいのです。

無事にお経を持ち帰った玄奘は、般若心経は大変大切なお経であると弟子たちに伝え、その結果、般若心経は特別なものとして日本にも伝えられました。

悟りの言葉「色即是空」

お釈迦さまはなぜ、般若心経だけはどうしても後世の人に伝えたかったのでしょうか。

これは私の解釈ですが、私たちが「楽しい」とか「つまらない」といっているその現象は、楽しい現象とかつまらない現象というように存在しているわけではなく、淡々とした何の色もついていない空である。それを「楽しい」とか「つまらない」などの色をつけて判断、評価、論評しているのは私たちである、と。

つまり、色即是空、「色とは即ち是れ空なり」、ただ色をつけているにすぎないということを、いいたかったのではないでしょうか。

もし、このことが本当に理解できた人は、その瞬間から悩み・苦しみ・苦悩・煩悩から解放される（解脱する）ことができるのです。

仮に、ある人にペンを渡したとします。重さは約二〇グラム。これは重いでしょうか、軽いでしょうか。

病み上がりの人には二〇グラムでさえ、大変重く感じられるに違いありません。一方で、ウエイトリフティングの訓練をしてきた人にとっては、二〇グラムなど物の数ではありません。人によって違うのです。

重いか軽いかということで、私たちはものを判断してしまうけれど、そこに存在しているのは、二〇グラムの重さを持っているという事実だけです。

先述したように、お釈迦さまは四諦という点からも「人間は解脱することができ、幸せというものに到達することができる」ということを後世に伝えました。

しかし、お釈迦さまが発見した「幸せ」に到達できる方法論は、四諦だけではなく、この色即是空というものの見方でもあったように思います。

お釈迦さまが見つけた幸せに至るたくさんのルートのうち、そのひとつが四諦であり、またこの色即是空も大変重要な悟りの言葉ということになります。

ストレスは、「感じる」からストレスになる

ストレスを与える人、自分にストレスを感じさせるものをストレッサーといいます。

ストレスとは、ストレスを与えるものがあるから感じるというふうになっています。

では、ストレスを与えるものが果たしてあるのかどうか考えてみます。

ある現象が、「私」の目の前をとおり過ぎるとします。その現象について「私」が何も感じなければ、その現象は私にとって何の関係もない出来事です。

その次に、ある現象が来たとして、その現象について「私」がイライラしたとします。

つまりストレスを感じたとします。イライラを感じた瞬間に、その目の前をとおり過ぎた現象は、「私」にとってストレッサーになったということになります。

では、「私」がストレスを感じなかったらどうなるか。その現象はストレッサーではなかったといえます。

つまりストレスというのは、「私」がストレスを感じれば、その現象はストレッサー

になり、感じなければそれは何も関係のない出来事になる、という構造になっています。

では、「私」がストレスを感じなければ、ストレッサーは存在しないのかということになりますが、実はそうなのです。

「私」がストレスを感じた瞬間に、ストレッサーがこの世に生まれたわけです。もし「私」がストレスを感じなければ、その現象は単にとおり過ぎるだけのものでしかないのです。

同じように、今度は人に例えて考えてみます。

目の前をある人がとおり過ぎるとします。その人に対して「私」が何も感じなければ、その人はストレッサーではありません。

その次の人がとおり過ぎるとき、その人が「私」をイライラさせたとします。するとイライラした瞬間に、「私」の目の前にストレッサーが生まれたのです。

では、「私」がその人にイライラしなかったとしたら、その人は単に「私」の前をとおり過ぎる人であって、ストレッサーではありません。

「私」がストレスを感じたから、ストレッサーがこの世に生まれたのです。

では、「私」が、目の前をとおり過ぎる人や物に対して、ありとあらゆることに対してストレスを感じなければどうなるのか。

この世に、地球上に、ストレッサーが存在しないということになります。

宇宙的には、ストレスを与える物・事・人というのが存在するわけではありません。あくまでも「私」が感じたときにはじめて、ストレッサーが生まれるわけです。

大きなストレスを受け流す方法

数字でたとえると、「私」の寛容度・許容量が八や九であったときに、ストレッサー度が一〇の人が「私」の目の前をとおり過ぎるとします。「私」の寛容度・許容量を上回っていますから、「私」は当然ストレスを感じます。イライラするわけです。

しかし、ストレッサー度一〇の人に対して、「私」が寛容度・許容量を二〇あるいは三〇持っていれば、イライラすることはありません。ですから許すことができ、気にならないわけです。

一〇〇人に一人、ストレッサー度一〇〇（人の一〇倍）も持っている人が現れたとします。そうすると、「私」の寛容度・許容量が六〇や七〇だった場合、ストレスを感じることになりますが、この一〇〇の人が現れる前に、「私」の寛容度・許容量を二〇〇にしておけば、ストレスを感じることはありません。

一〇年に一人、ストレッサー度一〇〇〇の人が現れたとします。このような人は滅多にいませんが、普通の人はストレスを感じるだろうと思うような人も世の中にいないわけではありません。そのストレッサー度一〇〇〇の人に対して、「私」の寛容度・許容量が二〇〇〇あるいは三〇〇〇になっていれば、ストレスを感じることはありません。黙って笑顔で見送ることができるわけです。

一〇〇年に一人、ストレッサー度が一万の人が現れたとします。そういう人が目の前に現れることはほとんどないと思いますが、もし現れたとき、「私」の寛容度・許容量が二万あるいは三万になっていれば、問題なくその人を見送ることができます。

つまり、ストレッサーと、ストレスを感じる「私」との関係は、「ストレッサー度」対「寛容度・許容量」の問題でもあるということに気づきます。

では、その一〇年に一人、あるいは一〇〇年に一人のストレッサー度の人に出会ったとき、ストレスを感じないためにはどうすればいいのか。

日夜、暇なときに寛容度・許容量を高めておくという方法はどうでしょうか。

寛容度・許容量を高める訓練をしておけば、万一のときにも対処できるようになりますが、その〝修行〟というのはどこですればよいのか。

実は、かっこうの〝修行〟の場を私たちは持っています。それを日常生活と呼びます。二四時間三六五日が丸ごと〝修行〟の場なのです。

〝修行〟をさせてくれる相手は、妻という名の、あるいは夫という名の、あるいは子どもという名の、親という名の、兄弟という名の存在であり、また家を出れば、職場の上司であったり、先輩、後輩であったり、部下であったり、あるいは友人、知人であったり……と、ありとあらゆる人・物・事が〝修行〟の場を与えてくれます。

いちいちイライラし、腹を立てていたのでは、来《きた》るべきストレッサー度一〇〇〇を持つ人に対処することはできません。そこであらゆる人・物・事への対応をとおして寛容度・許容量を上げる訓練をさせてもらうことで、「私」は、その来るべきすごいストレッサーに耐え得るようになるわけです。

それを考えたら、毎日毎日自分の目の前で、「私」の寛容度・許容量を広げてくださる方に、思わず頭が下がり、手を合わせたくなるではありませんか。

究極の問題解決は、問題そのものがなくなること

いろいろな問題に出合ったとき、私たちは三次元的に三つの解決方法を持っています。三次元というのは、この物質世界、経済社会のことです。三次元に対して解決方法が三つあるというのも面白いことなのですが、その**解決方法の一つ目は、戦うこと。**相手と議論を戦わせ、納得させ、屈服させ、その問題を乗り越えるというやり方です。**二つ目は、逃げ出すこと、逃避すること。**この課長の下では、あるいはこの社長の下ではとてもやっていけないと思い、その会社を辞める、などというのはこの方法です。**三つ目の方法は、我慢し忍耐をし続けること。**この方法によって問題を解決する（というよりは先送りしているわけですが）人は少なくないでしょう。多分、問題に直面したとき、もっとも多くの人が、この解決方法を選んでいるのではないかと思います。

ところが、**四次元には四つ目の解決方法があります。それは「気にしない」という方**

法です。英語では「I don't mind.」。「ドンマイ、ドンマイ」は「ドント・マインド」の略です。

五次元には五つ目の解決方法があります。これはかなりレベルが高いのですが、「気にならない」という解決方法です。英語では「There is no problem.（どこにも問題がない）」。

三次元的な問題解決の方法は、戦ったり逃げ出したり我慢したりする方法でしたが、**「問題を認識しない」という、はじめから問題を感じないという根源的な解決方法があるわけです。**

つまり、問題を問題として認識しない人は、問題を生み出さないという考え方です。

仮に、私が「やーい、出べそ」といわれたとします。

それが私にとって事実であるならば、私は気になりません。本当のことをいわれたのだから腹は立ちません。逆に、出べそでないのに出べそといわれたのであっても、それは事実を指摘されたのではないので、別に気にならないわけです。

出べそであることを出べそといわれて気にならないのと同様に、出べそでないものを出べそといわれても、まったく腹は立たないわけです。

つまり、事実であれば腹は立たないし、事実でなくても腹は立たないわけで、それはどちらも「気にならない」のです。

ですから、私自身はズボンの中をのぞき込んで、自分の出べそが例えば一・四cmなのか一・五cmなのか。出べその基準は一・四cmと一・五cmで分かれるのか、あるいは一・九cmと二・〇cmで分かれるのか。あるいは自分はそのどちらに属するのか、というようなことを、いちいち考えたり、確認する必要はないのです。

仮に、「バカなやつだ」といわれたときは、本当にバカなのだから、それは全然腹が立たない。また「まったく、おりこうさんだ」と皮肉をいわれたとしても、実際にはおりこうではない、つまり事実ではないのだから、腹は立ちません。

つまり、はじめから問題がない、問題を作らなければ、問題を解決するという考え方もないわけです。

問題を問題としない人格、まったく気にしない人格を作り上げることが、すべての問題の根源的な解決につながっているような気がします。

キリスト教は西洋文明の基礎になっていますが、聖書にこんな言葉があります。

「右の頬を打たれたら、左の頬を向けよ」
復讐の心を持ってはならないというこの教えも素晴らしいものですが、東洋的な思想の具現者であるお釈迦さまであったなら、どういうふうにいうのだろうか、とずいぶん考えてきました。

最近になって、私なりにお釈迦さまならこういうのではないか、という考えが出てきました。

それは、「右の頬を打たれるような人にならないような日常生活を送りなさい」「頬を打たれないような人になりなさい」というものです。

お釈迦さまであったなら、そういう解決方法をいったのではないか、と思えたのです。

二四時間三六五日、すべての人に寛大、寛容、公平、平等に。さらにすべての人に対して同じ笑顔、同じ優しさ、同じ慈しみの情で接しているのであれば、その人を誰が叩こうとするでしょうか。

問題が生じたら解決するというのではなく、問題が生じないような日常生活を送るということで、根源的な問題の解決ができるような気がします。

数字を追いかけるのではなく、ゼロにすることで、幸せは無限大になる

例えば試験の点数や、営業成績、売り上げなどの数字を追いかけていくと、一〇〇が二〇〇になれば三〇〇を望み、三〇〇が四〇〇になれば五〇〇を望み、六〇〇、七〇〇になれば、八〇〇を望むというように、私たちは限りなく上の数字を追い求めようとします。

しかし、それが一〇〇〇になり二〇〇〇になり、三〇〇〇になっても、決して無限大に到達することはできません。私たちは限りある数字を追いかけることはできますが、無限大に到達することはできないのです。

無限の数字に到達したときに「幸せ」というものが存在する、というふうに私たちは信じ込まされて生きてきましたが、その無限大に到達することは絶対にあり得ません。

ものすごく大きな数字を達成したから幸せになって死んでいった、という人は、この世に皆無なのです。

幸せになった人は、大きな数字を達成したからではなく、大きな数字を達成したその先に、何かまったく違う価値観を見出したことで、幸せを確認して死んでいったのです。松下幸之助さんなどもそういう人の一人でした。

数字を追い求めている限りは、絶対に幸せにはなれません。しかし、逆の考え方をすることで幸せになることができます。

それは、今自分が二〇〇、三〇〇、四〇〇、五〇〇というレベルにいるときに、一〇〇〇を目指さずに、ゼロに戻るという方法です。

つまり、「これをしなければならない」とか「こういうものを達成したい」という数字を、限りなくゼロに近づけていく。そしてゼロにまでなってしまうことです。

今までの学校教育、あるいは三次元的な経済社会の方向性とはまったく逆の発想です。求めるもの、望むものがゼロになるような方向に転じてみるわけです。

もし、望むこと、欲すること、希望することがゼロになったならば、ゼロ＝無限大となります。

ゼロ＝無限大なのです。なぜかというと、ゼロということは、望むこと、欲することがなくなってしまった状態で、これはすべてのものに対して満足しているという状態だ

からです。言葉をかえていうならば、すべてのものが手に入っている、すべてのものに満たされている、ということにほかなりません。

望むこと、望むもの、要求すること、要求するもの、そういうものがすべてゼロになってしまえば、逆に満たされるのです。

あれがほしい、これがほしいといってそれを追い求めている間は、多分、満たされた幸せな状態になることはないでしょう。

自分が望むもの、求めるものがなくなってしまうこと。このゼロの状態こそが、まさにありとあらゆる幸せを手に入れたということです。

何も求めない状態＝無限大にほかなりません。

特に何か素晴らしい幸せが手に入っているとか、何か素晴らしい出来事が起きているとか、そういうこととは無縁なのです。

「私」がいかに目の前の現象や事実を幸せと感じられるか、感じ取れるか。そこにこそ幸せは存在しています。

一二の宮――ひとつの不運のおかげで、ほかのすべてが守られている

昔読んだ本の中に、こんなことを書いたものがありました。記憶が定かでなく、うろ覚えなのですが、このような内容でした。

私たちには「一二の宮」があり、その宮には必ず一つ黒丸がある、というものです。

そこで私なりに「一二の宮」というのを作ってみました。私が独自に考えた「一二の宮」です。

大きく二つに分けて、家族、家系的な六つの宮と、それに対して自分にかかわる六つの宮です。

家族、家系にかかわる宮のうち、一番目は「家系運」です。二番目は「親運」。三番目は「子ども運」。四番目は「兄弟運」。五番目は「親戚運」。六番目は「配偶者運」、夫や妻を含む結婚運というものでしょうか。結婚ができるかどうかというようなことも、一つの結婚運といえるかもしれません。

七番目から一二番目は自分の運です。七番目は「金銭運」、八番目は「財産運」。七番目の「金銭運」というのは、出入りするお金の運ですが、八番目の「財産運」というのは、それが自分にとって将来を安定させるような財産になるのかどうかという点で、「金銭運」とは微妙に異なるものです。

九番目に「仕事運」。一〇番目に「健康運」。一一番目に「友人運」があり、一二番目に「異性運」というのがあるような気がします。

この「一二の宮」は、昔読んだ本に書いてあった「一二の宮」とは違い、私が考えたものです。

この「一二の宮」に必ず一つ黒丸、つまり瑕疵《かし》（キズ）があるという考え方です。その黒丸は「一二の宮」のどこかに必ずあって、そこがよくなると黒丸は違う宮に移動して、この「一二の宮」をぐるぐる回っているという考え方です。

実際に宇宙的にそういう構造になっているかどうかは別として、この考え方によって、いくつかの問題や悩み・苦しみが解決したことを覚えています。

つまり、「一二の宮」をぐるぐる回っていることで、必ず人間はどこかで悩み苦しんでいる、という考え方です。

例えば、金銭運や財産運や仕事運は順調にいっているが、健康運は思わしくないとか、友人や家族の関係はとてもいいけれど、そういうときには仕事がうまくいかず、金銭運が恵まれていないとか、そういうふうに、どこかに必ず瑕疵があるという考え方です。ただ、実際にはどこに黒丸があったとしても、それは不運・不幸というものではありません。これは単に便宜的にそう考えると楽になりますよ、という方法論です。

しかし、逆にいえば、**その一つの黒丸によって、ほかの一一の宮（運）が守られているという考え方ができます。それによって、私はいくつかの問題について楽になることができました。**

この考え方によって、どこかに黒丸があるおかげで、ほかの一一の宮が守られていると思うことができて、その結果、その黒丸一つに心の底から手を合わせることができました。

不運に感謝した瞬間、それは不運ではなくなる

大変面白いことに、その黒丸一つに対して、「黒丸一つあってくださってありがとう。そのおかげで、あとの一一の宮が守られています。ありがとうございます」と手を合わせた瞬間に、その黒丸が消滅してしまうことに気がつきました。

私の場合、障がいを持った子どもが一人います。「一二の宮」のうち、重いものを持っているとすれば、私の場合はここだったかもしれません。

しかし、その子どもが我が家に生まれてきてくれたおかげで、仕事運も健康運も友人運も、ありとあらゆる運が恵まれているということを考えたとき、この子に対して本当に心の底から手を合わせることができました。

「あなたのおかげで、ほかの一一の宮が全部、守られている」

その障がいを持つ子が一手に引き受けてくれたおかげで、ほかの一一の宮が穏やかでなごやかに推移しているということがわかった瞬間に、私は本当にその子に心の底から

手を合わせることができました。

そうしたら、その子の問題が実は問題ではなく、黒丸どころか白丸、それも二重丸、三重丸、花丸になってしまうことに気がつきました。

この「一二の宮」の考え方は、その黒丸一つに心の底から感謝し、手を合わせることができた瞬間に、全部解決してしまうというものなのです。

その瞬間、「一二の宮」に黒丸が一つもなくなってしまう、というメカニズムであることを発見したのです。

世の中には、「一二の宮」のように「幸・不幸」が存在しているわけではありませんが、この考え方によって、問題を消滅させることができるという意味で、大変よい問題解決の方法、ものの見方であることを知りました。

こういう考え方によって楽になれる人がいるならば、ぜひこの方法をお勧めしたいと思います。

病気も事故も、死ぬことさえ不幸ではない

ものの見方を考えていくときに、多くの人が必ず出合う大きな問題があります。それは、病気や事故、死というものは不幸ではないのか、ということです。

結論からいいますと、病気も事故も不幸ではありません。

病気をした人は、必ずより優しい人になります。十分に優しい人でも病気をするのですが、その人はさらに大きな優しさを持った人であるので、それを思い出しなさいという意味で、病気になるようです。

本来とても優しい人が、いつの間にか競争社会に埋没して、人と争うことばかりしてきたなら、体の奥底で「今の生き方は少し違うのではないか、もうちょっと元の私に戻ってほしい」と悲痛な叫びを上げ、その結果として、病気になって優しい人に戻ろうとするのではないでしょうか。病気になった人は必ず、周りの人に対してより優しくなります。

同様に、事故をした人は必ず、より謙虚になります。自分の能力や努力、才能ですべてのことをやっているんだと思っているような傲慢な人は、必ずや事故を起こすようになっています。そして事故を起こした人は、必ず、より謙虚になります。

病気や事故が不幸でないとしても、その結果、死んでしまうことは不幸ではないのか、という人がいると思います。

結論をいいますと、死ぬことさえも不幸ではありません。

死ぬこともすべて、生まれる前に自分が書いたシナリオどおりだからです。

私たちは、生まれる前に、すべてのシナリオを書いてきました。どういう所で生まれ、どういう名前になり、そしてどのような人生を経て、いつ死んでいくか、ということを全部シナリオに書いてきたらしいのです。

ですから、**私たちが死ぬときは偶発的に死ぬわけではなく、必ずそのときに、その事情で死ぬことになっているらしい。不運・不幸で死ぬわけではなく、シナリオどおりに死んでいくということにほかなりません。**

人生は自分が書いたシナリオどおりに動いている

私は三〇年ほど超常的な現象や超能力などを研究してきました。その結果、いろいろわかったことがあります。わかったというのは、私なりにわかったという意味で、これが宇宙の絶対的な真理や法則であるといいきるつもりはありません。ただ、一人の人間が三〇年間、同じジャンルのものを見続けてきて、一つの結論に至ったというのは、なかなか興味深いことかもしれません。

その結論をいいますと、どうも私たちは、生まれてから死ぬときまでの人生を、すべて事細かにシナリオに書いてきたらしいのです。

どういう親を選び、何年何月に生まれ（男に生まれるか、女に生まれるか）、どういう氏の家で、どういう名前をつけられ、兄弟の構成はどういうものであるのか、あるいは親戚がどういう人で、隣のおじさん・おばさんがどういう人であるかということさえも、全部自分で選び、シナリオを書いて生まれてきたらしいのです。

これは唯物論の私としては、最後までなかなか受け入れることはできませんでした。

しかし、例えば私は二一歳のときに父親に「家業を継《つ》がないのであれば家を出ていけ」といわれて追い出されたのですが、追い出された結果として、司法試験の勉強を続けるために時間を拘束されずにすむアルバイトを考え、自分の好きな旅行関係の原稿をあちこちに送り、それが本になり、印税収入が入り、その結果として生活が成り立ち、旅行作家として食べていける、ということになりました。

そして、旅行作家として旅先でいろいろな人の人相・手相を見たり、人生相談を受けているうちに、いつの間にか、人間の悩み・苦しみ、生き方について話をすることになりました。それについて原稿を書くと、それを出版したいといって出版社を興《おこ》してくれる人が現れ、本となりました。

たまたま親のもとにいられない事情から家を出て、その結果として、今こういう人生論を話すような立場になったわけですが、家を出る一年ほど前、高橋信次さん（宗教家であり経営者）から、「あなた方は（一五人ほどの集まりでしたが）、釈迦の弟子の生まれかわりだから、三〇歳を過ぎたら、好むと好まざるとにかかわらず、必ずそういう方向に引っ張られることになりますよ。覚悟してください」といわれました。

唯物論の私としては、そんなバカなことがあるわけないと一笑に付して帰ったのですが、それから家を出ることになり、今書いたように、ここに連れてこられることになりました。私の意思はどこにもありません。ただ、そういうふうになっていました。

そういうことを振り返ってみたときに、全部予定どおりに起きていたとしか思えないのです。

きちんと未来がわかっていて、それを予言する人がいる。私自身も、人の未来を予言したり予知できることもあるので、そういう事実が存在することを知っていますし、何回も確認しています。未来が存在しなければ、予知や予言はできないはずです。

未来が確定的に存在しているということは、今その人がどのような意思を持って生きているかということとは関係なく、必ずその出来事が起き、その事件が起きるのだ、ということが信じられるようになりました。

その論理を突き詰めていくと、こういう結論になります。

私たちの人生はすべて決まっている。しかも、それは全部自分が生まれる前に書いたシナリオである、と。

明日という日はない。「今」が続くだけ

自分が書いたシナリオどおりに自分の人生が進んでいるのであれば、じたばたする意味はない。これ以上じたばたしても仕方がない、ということになります。

すべては自分の書いたシナリオなのですから、私たちは自分の人生について何も考えずに生きていってよい、ということになります。

「何も考えずに生きていいのですか。どうしても何かを考えなくては生きていけないのです」という人も世の中にはいます。

そういう人に対しては、私もたった一つ考えていることがあるので、それをお教えしましょう。

それは、「念を入れて生きる」ということです。

「念」という文字を分解すると、「今」の「心」です。「今」の「心」とは、今、目の前にいる人を大事にし、今、目の前のことを大事にすること。それだけです。

「念ずる」という意味には、念ずれば未来が呼び寄せられるとか、念ずれば自分のイメージどおりに未来がつくられるとか、そういう意味は入っていません。

念ずるとは、ただひたすら今を大事にする心であり、今、目の前の人を大事にし、今、目の前のことを大事にするということに尽きるのです。

今を大事にするということ。それが、私が今考えながら生きている唯一のことです。

ですから、自分のシナリオどおりに人生が存在していることがわかってしまえば、過去どのような選択をし、どのような判断をしたかについても、何一つ悔やむ必要はありません。

すべての選択、すべての判断が正しかった。その時々でベストの選択をし、ベストの判断をした、ということを私はお伝えしておきたいと思います。

同時に、未来がどういう状況になろうが、そこでどちらを選ぼうが、右を選んだら幸せになるか、左を選んだら幸せになるかというふうに考える必要もないのです。

選びたいほうを選んでいい。選んだものが必ず自分のシナリオなのです。

未来は必ず自分が書いたシナリオどおりに進んでいくのですから、未来について心配する必要はありません。

今をひたすら生きること。今、目の前にいる人を一生懸命に大事にすること。それ以外に人生はないのです。

今日寝て起きたら、明日ではないのです。今日寝て起きたら、起きたときは今日です。今日寝て起きたら、起きたときは今日。明日という日は、永久に来ません。

常に、今日、今、目の前に存在している人をひたすら大事にし、やるべきことをひたすら大事にやっていく。人生はただそれだけのようです。

どんな死に方をしても、すべてが寿命

私たちは、自分の人生のシナリオを書いてきて生まれ、そのとおりの人生を送る。そうわかってしまったら、「あれをしたから助かった」とかあるいは、「あれをしなければ死ななかった」というような、別の選択をしていれば、ということはどうもないようです。

私たちは病気で死ぬわけではなく、事故で死ぬわけでもなく、老衰で死ぬわけでもない。シナリオどおりの「寿命」で死ぬだけです。

病気という名の寿命、事故という名の寿命、老衰という名の寿命で死んでいくのです。

一般的に老衰で死ぬときは寿命といういい方をしますが、実は、病気も事故も、すべて寿命なのです。

実際に、私自身、交通事故で死ぬ人の未来を見通したことがありました。未来がなければそれは見えなかったはずです。病気によって体が弱っていたというのなら、顔に死相が漂っていたということもありますが、その人は病気ではなく、突然の交通事故で死んだのでした。未来が見えたということは、未来が確定的に存在するということにほかなりません。

人は、シナリオどおりに死んでいく、ということが私の三〇年間研究した唯物論の結論です。

ですから、病気も事故も死さえも、不幸や悲劇なのではない、といえるのです。

すべては自分の書いたシナリオどおりに起きていることです。

思いどおりにならないことが、当たり前。それだけで現実はかわる

人生が楽になる方法、幸せになる方法として、「当たり前の思想」というものがあります。

仮に、「晴れるのが当たり前だ」と考えている人は、曇りだと「つまらない、嫌だ」と思い、雨が降ったら「もっと嫌だ、とっても嫌だ」と思うでしょう。それが逆に、雨が当たり前だと思っていたら、曇りの日はちょっと嬉しく、晴れたときにはものすごく嬉しい、ということになります。

「晴れが当たり前、晴れなければ嫌だ」と思っていたら、「当たり前の晴れ」か「嫌な曇りや雨」しかありません。けれども逆に、「雨が当たり前」だと思っていると、曇りのときはちょっと嬉しく、晴れのときはとても嬉しい、ということになります。

自分の目の前のことが、すべて思いどおりにならなければ嫌だと思っている人は「嫌

だ」か「当たり前だ」の現実しかありません。実現することが当たり前であり、実現しないことが嫌なわけですから、「当たり前」か「嫌だ」の二つの現実しかない。

逆に、思いどおりにならなくて当たり前と思っている人は、思いどおりにならなくてもゼロ。そして、少しでも自分の思いどおりになったり、思いがかなったりしたときには、「嬉しい、楽しい、ありがたい」ということになります。

「思いどおりにならなくて当たり前。だけど、かなってくれたら嬉しいな」と思っている人には、ゼロか「嬉しい、楽しい、幸せ」しかやってきません。宇宙はそういう構造になっています。

自分の思ったことがかなうのが当たり前なのではなく、かなわないことのほうが当たり前。思いがかなったときにはありがたいし、感謝もできるという人は、人生がとても楽しく明るいものになります。

何が当たり前で、何が嬉しくて、何がありがたいのか。この三つの心の置き所というのをよく考えてみてください。

晴れることが当たり前であったならば、曇りや雨はつらいものになり、雨が当たり前ならば、曇りや晴れることはとても嬉しいことであり、感謝になる。

自分の心の原点、当たり前のラインによって、それほど私たちのとらえる現実が一つひとつかわっていくのです。

お金を盗まれたのが「私でよかった」といえる人

すでに述べたとおり、私には障がいを持った子どもが一人いますが、その関係で障がい児を持つ親同士のつき合いがあちこちにあります。

以前、ある障がい児を持つ家に空き巣が入ったことがありました。たまたま財布に三〇万円入っていて、その三〇万円を盗まれたのだそうです。

「大変でしたね」と多くの方がその方に同情したのですが、その方は笑顔でこう答えました。

「入られた家が、我が家でよかった。たまたま自分の家はそのお金がなくてもなんとか生活ができるし、また、たまたま誰もいないときの空き巣だった。もし人がいたり、子どもがいるときだったら、どういうことになっていたかわからない。空き巣に入った人がそのお金を持って帰ったことで、ほかの家が被害者にならなくて済んだ。そのことを考えたとき、我が家のお金でよかったのではないかと思える」

普通だったら自分は不運でついていないと思うところですが、その方はその出来事を肯定的に考えていらっしゃいました。よかったと思えることを探し出すような日常生活が組み立てられている。多分、その方は障がい児というものをいただくことによって、そういう見方ができるようになったのではないかと思います。

空き巣に入られたとき、もし家族が家にいたり、あるいは帰ってきたところで鉢合わせになり、居直り強盗となって危害を加えられた可能性だってあるのです。そう考えると、たまたま誰もいない状況でお金を盗まれて済んだことは、不幸中の幸いだったということになります。

その方は、こうもいいました。

「その盗んだ人が、とりあえずその三〇万円で一ヵ月か二ヵ月か、生活をしてくれたらいいと思います。その間はほかの人の家に入らないでくれたらいいと思います」と。

盗まれたことを、決して恨んでも呪ってもいないのでした。

どこかで誰かがお金を盗まれなくてよかった、自分のところでよかった、と思える人だったのです。

自分の中に苦しさやつらさ、嫌悪感や後味の悪さというものが残ったときに、それを克服する方法として、こういう考え方をすれば克服できますよ、ということを私はいいたいのです。こういうふうに考えられる人間になりなさい、という意味ではなく、こういうふうに考えることで楽になります、楽しくなりますという方法論として、このことを書きました。

悩みがなくなるための三つの人格

いろいろ悩み事の相談を受けてきて、悩みがなくなり、楽しく幸せな日々を送るためには、三つの人格を実現すればよいということに気がつきました。

一つ目。究極の欲深になること。これは徹底的にトイレ掃除をするということに尽きます。そして、「ありがとう」をいい続けること。

トイレ掃除を続け、「ありがとう」をいい続けると、その人にとって楽しく幸せなこ

とが、次から次へと起こります。臨時収入があるなど経済的な得もあります。

自分のために（他人のためではありません）、人格論、観念論ではなく自分の損得勘定のために「ありがとう」をいい続け、トイレ掃除を徹底的にすればよいということです。

二つ目。究極の怠け者になること。これは、腹を立てない、怒らない、怒鳴らないということです。どんなことがあっても腹を立てたり、怒ったり、人を怒鳴ったりしないということ。

人間というのは生まれたときには「怒り」や「腹立ち」という感情を持ってはいないように思います。赤ちゃんは親と目が合うと、ニコッと笑顔になります。笑顔になるような感情は持っています。それから、すやすや眠るという安らぎも持っています。また、おしめが濡れたりお腹がすいたとき、それを訴える泣き声も持っています。

しかし、生まれて二週間、三週間の赤ちゃんは、腹を立てたり怒ったりすることはありません。もともと人間は、腹を立てたり怒ったりする感情を持っていないように思います。

二〇世紀の半ば頃、東南アジアの密林の中でオオカミに育てられた兄と妹が保護されたことがあります。この二人は、親として自分たちを育ててくれたオオカミを目の前で撃ち殺されているわけですが、そのことに腹を立てたり怒ったりすることはありませんでした。

怒りというものは、後天的に周りの人間から教え込まれた感情のように思えます。

腹を立てたり怒ったりしたあとは、必ずぐったり疲れます。多分、それは装っているからです。自分が腹を立てて怒っているように装うことで、問題が早く解決するという方法論を身につけたからにほかなりません。

ですから、本当に究極の怠け者になってしまうと、絶対に腹を立てない、怒らない、ということがいえそうです。

三つ目の人格として、「ボート部に入る」というのがあります。

「私」の心の広さを扇子《せんす》に例えて、扇子を広げた大きさが許容度・寛容度だと思ってください。そして、九〇度に扇子を開いたとき、九〇度以上の外側に、自分にとって許せない、あるいは我慢のできない人が存在するとします。

その外側にいる人を、自分の九〇度の枠内に連れてこようとしたとき、その人が簡単に自分の価値観や許容範囲の中に入ってきてくれたら問題がないのですが、なかなか簡単には入ってきてくれません。だから悩み、苦しみ、ストレスを感じるわけです。

もし、自分の許容度・寛容度を九〇度以上に広げて相手を受け入れることができたならば、イライラも腹立ちもなく、問題は消滅します。

また、扇子を一二〇度に広げて許容度・寛容度を上げたとき、一三〇度目のところに、また人が現れたとします。その人を認めて受け入れてしまえば、「私」の心の領域は一三〇度まで広がり、イライラがなくなります。

「そういう価値観の人もたしかにいるよね」というように、「私」の心の許容範囲を広げることで、結局楽になるのは「私」です。相手ではありません。「私」自身が楽になり、楽しく幸せになるのです。

ですから、イライラさせる人は、「私」の心の許容範囲を広げてくださる方（扇子を広げてくださる方）だと思ってみたらどうでしょうか。

ついには、その人のおかげで一八〇度に広がったきれいな扇子を持てることになります。どんな人が現れても、いちいちイライラを感じない人になってしまう、という意味で、私はこの人を「ボーッと（ボート）した人」と名づけました。

九〇度の広さを平均的な許容範囲とすると、その三分の一の三〇度や、半分の四五度の許容範囲の人は「心の狭い人」、あるいは「ピリピリした人」といういい方をします。

ですから、「ピリピリした人」よりは「ボーッとした人」のほうが、実は自分自身が楽であるということがいえるのです。

人のためではありません。相手のためでなく、自分がつらくなくなり、いちいち腹を立てずに済むという意味で、この方法は最良の方法です。

心の扇《おうぎ》を広げること。これこそがまさに、自分が楽に生きる「奥《おう》義《ぎ》（秘伝）」にほかなりません。

無敵とは、戦って勝つことではなく、敵がいないこと

「ボーッとした人」は「ボーッ」としているので、「ボーッ」という霧《む》笛《てき》を遠くで聞きます。

霧笛を聞く人は「無敵」である。

無敵というのは、二〇〇人、三〇〇人の敵をなぎ倒したから無敵になるわけではあり

ません。二〇〇〇人、三〇〇〇人の敵をなぎ倒したからといって無敵になるわけでもないのです。

無敵とは、もともと敵が無いこと。

「私」がボーッとして、いちいち腹を立てたり一喜一憂せず、ありとあらゆることを笑顔で迎え入れ、自分の許容範囲を広げていくことができたら、「私」自身が一番楽なのです。

よく考えてみると、自分の平均的な九〇度の扇の広さを、その外に現れた人が広げてくださったおかげで、自分の心が広がり、許容度・寛容度が広がったのであれば、その人に手を合わせて「ありがとう」といえるのではないでしょうか。

そういう方程式がわかったとき、目の前に現れる人、一人ひとりが「私」の許容度・寛容度を広げてくださる人なのかもしれません。

優しく、思いやりに満ちた人が現れてくれることも悪いことではありません。歓迎すべきことです。しかし、「私」の狭い心を広くしてくださる人（そうしなければ「私」がつらくて嫌悪を感じるような人）が現れてくれたとき、その人が「私」の心の狭さを広げてくださる存在である、ということに気がついたら、私たちは心の底から手を合わせて、その人に感謝することができそうです。

三つの帝国に住む人たち

もののとらえ方が自分の中でできるようになると、私たちが住んでいる国は三つに分かれるということがわかってきます。

一つ目の国には、何事も否定的にとらえる人たちが住んでいます。私はそこを「悲《ひ》帝《てい》国《こく》」と名づけました。

「悲」という文字を分解すると、「非《あら》ずの心」となります。「そうではない、そうではない」と思う心です。つまり、コップに入っている水にたとえると、七分目まで入ってたら「七分目しかないではないか」となり、八分目まであっても「八分目しかないではないか」という考え方につながっていきます。そして、ついにはコップが一〇〇パーセント満たされているにもかかわらず、「一〇〇パーセントしかないではないか」ということになります。

一〇〇パーセントも存在しているのに、「一〇〇パーセントしかないではないか」といっている人が、実は世の中には少なくないのです。

もうそれ以上望むものはないのに、例えば、目が見えていることだけでも十分幸せであるのに、もっとどこかに幸せがあるはずだ、もっと自分の思いどおりになるべきだと思い込んで生きている人は少なくないのです。

そういう人は、「一〇〇パーセントしかない」という否定的な見方をしているということに、早く気がついたほうがよいと思います。

二つ目の国は「好帝国《こうていこく》」です。ここに住んでいる人たちは、目の前に起きてくる現象を常に肯定的にとらえ、どんなことでも「嬉しく、楽しく、幸せ」にしてしまいます。

コップの水が半分あれば、「半分もあって嬉しい、楽しい、幸せ」と考える人です。ですから、周りにいる人もいつも笑顔になり、よい仲間ができていきます。明るい人々の集団といえるでしょう。

三つ目の帝国は、少し江戸弁になるのですが（私は東京・深川の生まれ育ちです）、「ありがてい国（帝国）」です。すべてのことが「ありがたい」と考える人たちが住む国です。

コップの水が半分入っているとき、「何者かが半分残していてくださってありがたい」と考え、何でもかんでも全部感謝にしてしまおう、という人たちが住んでいます。常に手を合わせ、笑顔を向けて「ありがとう」をいい続けている人たちですから、非常に謙虚であり、また和やかで穏やかな空気もつくっています。

私たちは「ありが帝国」の住人として、すべてのものに対して手を合わせて「ありがとう」といって生きていくこともできます。

もし、この三次元の社会が「ありが帝国」一色になったら、どんなに生きていくのが楽で楽しいものになるでしょうか。

第三章

「ありがとう」の奇跡

神さまに愛される人とは、感謝と実践の人

精神世界や超能力・超常現象の研究を三〇年ほどしてきて、私なりにわかったことがあります。それは、神・仏という存在は謙虚な人がとても好きであるらしい。そして逆に、傲慢な人をあまり好きではないらしいということです。

神・仏ではなくても、社会的に受け入れられている人、多くの友人がいる人、多くの人に喜ばれている事業をしている人は、みんな謙虚です。一方、人間関係があまり展開していかない人は、往々にして傲慢であるということがいえます。

ただ、ここでいう謙虚と傲慢というのは、一般的にいわれている意味とは少し違います。**ここでいう謙虚とは、今自分が置かれている状況や獲得したものは、自分の力によるものではなく、多くの友人や知人、目に見えない存在である神・仏・守護霊・精霊などのおかげだと思っているということです。**

また、自分の力や才能・努力によって、ありとあらゆるものが獲得できたと思ってい

ることを傲慢といいます。

偉そうな態度をしているとか、逆に控えめな態度をしているとか、そういう表面的な態度の問題ではなく、自分の生き方をどのように考えているかが、謙虚と傲慢の分かれ目になります。

謙虚さとは、三つの面で表現できるようです。

一つ目は「思い」。心の部分です。これは「い・ど・お」——どんなときも威張らないこと、怒鳴らないこと、怒らないこと。二つ目は「言葉」。常に「ありがとう」をいい続けること。そして三つ目は「行為」。これはトイレ掃除をし続けることです。

心の部分の「い・ど・お」を心がけ、言葉の部分の「ありがとう」をいい、そして行為の部分の「トイレ掃除」の三つがすべて成り立った人を、大変謙虚な人ということができそうです。

謙虚であることとは、実践すること。そしてまた感謝をし続けること。ありとあらゆるものに感謝をするということにほかなりません。

謙虚さとは、感謝であり実践なのです。そのような生き方をしている人は、神・仏・

守護霊・精霊の方々から大変好まれ、たくさんの支援を受けることができるような気がします。

「命を助けてくれてありがとう」。ありがとうの奇跡

「ありがとう」という言葉には、大変な力があるようです。

六〇歳くらいの女性と、その方の三〇代半ばくらいの娘さんが、ある講演会の受付で私を待ち受けていたことがあります。

私を見つけると、「この人が小林さんよ」と、娘さんは母親に私を紹介しました。

「ああ、小林先生ですか。お初にお目にかかります。命を助けてくださいまして、ありがとうございました」

私は一瞬戸惑いました。

「今日が初対面なのですね。初対面なのに、命を助けていただいてというのは、ちょっと説明をいただかないとわからないので、詳しいお話を」

「はい、それでは事情をお話しします」

ということで、その女性は次のような話をされました。

ある時期、その女性は体が大変弱って、壁や机につかまらなければ立ち上がれない、あるいは歩けないということがあったのだそうです。あまりにも体が弱り、医者に診《み》てもらったところ、結果は末期ガンだったそうです。この方はかなり強い人のようで「ガンであるならばいってください」と医者にお願いしていたのでしょう。

ガンの告知後、医者から「入院加療の必要はありません。自宅療養をしてください」といわれたそうです。つまり、末期でもう病院では手のほどこしようがないので、自宅で残りの日々を過ごしてくれ、ということのようでした。

その宣告を受けたとき、その女性は暗澹《あんたん》たる気持ちになったそうですが、一つだけ光明がありました。それは、その宣告を受ける一週間ほど前に、娘さんが次のような話をしていたことでした。

小林さんという人がいて、その人の話を三回ほど聞いた中に、「ありがとう」の話が

あった。「ありがとう」を二万五〇〇〇回（心を込めなくていいから）いい続けると、なぜか涙が出てくる。その涙が二、三時間出たあと、再び「ありがとう」をいおうとすると、本当に心の底から感謝の念が湧いてきて「ありがとう」の言葉が出てくる。その気持ちを込めて「ありがとう」をさらに二万五〇〇〇回ほどいうと、突然、自分にとって嬉しく楽しく、幸せな奇跡が起きはじめる。

　という話です。

　娘さんがこの話を母親にしたところ、彼女は「へー、そんなことがあるの」と軽く聞き流していたそうですが、その一週間後にガンの宣告を受けました。落ち込んだけれども、一筋の光明があったということでした。そして、母親はこういうふうに決意するのです。

「もうほかに手のほどこしようがないのであれば、奇跡に頼ってみよう。『ありがとう』を一日一〇〇〇回、一〇〇日間（合計一〇万回）続ければ、いくらなんでも五万回を数え間違えることはないだろう」と。

　そして、一日一〇〇〇回の「ありがとう」をいいはじめます。

　三〇日ほどたって、「ありがとう」を三万回ほどいい終わった頃、壁や机を頼らずに自分の足で立ち、歩けるようになったということでした。

二ヵ月後、「ありがとう」を六万回ほどいっているうちに、隣近所の人から「最近、顔色がよくなりましたね、お元気そうですね」といわれるようになりました。もちろん、近所の人には末期ガンであることを伝えていないので、ただ外見から感じたことをいったらしいのです。

三ヵ月ほどたち、「ありがとう」が九万回を超えた頃、体重が増えてきて顔もふっくらしてきました。これはおかしい。どうも体に変化が起きてきたようだ、ということで、さらに一〇日間、合計一〇万回の「ありがとう」をいい、もう一度病院へ検査に行きました。

すると、もたらされた結果は、ガン細胞が全身からすべて消えている、というものでした。末期ガンが治ってしまったのでした。

「ありがとう」を一〇万回いい続けた結果、ガン細胞が消えてしまった。そういう事実が私のところに報告されました。

すべての人がこのような結果になる保証はありませんが、「ありがとう」という言葉にはものすごい力があるらしい、ということが証明された一つの出来事でした。

不平不満・愚痴・泣き言・悪口・文句は、「ありがとう貯金」をゼロにする

前項に書いたように、不思議なことに、心を込めなくてもいいから「ありがとう」を二万五〇〇〇回ほどいうと涙が出てきます。

「ありがとう」と、心を込めなくても口先だけでもいいのですが、呪文のようにいっていくと、累計回数が二万五〇〇〇回を超えたあたりで、突然涙がどっとあふれてくることが、多くの人にあるようです。

その涙は短い人で一時間、長い人で三時間、平均的には二時間ほどで、とにかく止まらないそうです。こんなに自分の体から涙が出てくるものかと思うほど、激しくずっと流れ続けます。多くの人が、バスタオルを二度絞り、三回目に涙を吸い取ってなんとか間に合ったといいますから、相当な涙の量のような気がします。

そして、この涙が出尽くし、ほとんど涙が枯れたような状態で、そこからまた続けて「ありがとう」をいおうとすると、今度は本当に心の底から感謝の念が湧いてきて、体

中が温かい思いに満たされ、本当にありがたくて「ありがとう」という言葉が出てくるようです。

心を込めた「ありがとう」をさらに二万五〇〇〇回ほどいい続けると、なぜか突然、自分にとって奇跡と思えることが次から次へと起こるようになります。

この話をあちこちでしていたところ、何人かの人から同じような質問を受けました。

「二万五〇〇〇回ほど数えていっていたのだけれども、二万五〇〇〇回に到達しても全然、涙が出てこない」というものでした。

私はその方たちに同じ質問をしました。

「二万五〇〇〇回に到達する前に、不平不満・愚痴・泣き言・悪口・文句をいわなかったですか」と。

その人たちの答えはすべて同じでした。

「不平不満・愚痴・泣き言・悪口・文句をいっていました」

私はこういいました。

「多分、その不平不満・愚痴・泣き言・悪口・文句をいった瞬間に、チ〜ンという音がして、『ありがとう』のカウントがゼロになったのだと思いますよ」と。

「ありがとう」は心を込めなくてもよいのですが、二万五〇〇〇回に到達するまでの間、どうも不平不満・愚痴・泣き言・悪口・文句はいわないほうがいいようなのです。

不平不満・愚痴・泣き言・悪口・文句をいった瞬間に、今まで積み重ねてきた一万八〇〇〇回か一万九〇〇〇回か、あるいは二万回という「ありがとう」は、チ～ンと音を立てて宇宙の彼方《かなた》に消えてしまうようです。

神さまを味方にするために大切なこと

私は基本的に唯物論ですが、三〇年間、宇宙現象や超常現象、いろいろな出来事を見つめてきて、神・仏・守護霊・精霊というものは存在するという結論になりました。さらに、私たちは自分の人生のシナリオを書いて生まれてきた、というのも結論の一つです。生まれるところから死ぬところまで、すべて「私」がシナリオを書き、そのとおりに「私」が主演をしている、ということが理解できました。

その「私」のシナリオどおりに舞台装置を設定し、美術監督・舞台監督としてその状況をつくってくださるのが守護霊という方です。

守護霊はただひたすら「私」の書いたシナリオどおりに舞台設定・状況設定・環境設定をしてくださるわけです。

自分自身がシナリオを書いたにもかかわらず、不平不満・愚痴・泣き言・悪口・文句を空に向かっていい放ったとき、「私」のために一生懸命やってくれていた守護霊は、とてもつらく悲しい思いをするらしい。守護霊が壁に向かって、ひざを抱えてしょんぼりしていると教えてくれた人がいました。

自分の書いたシナリオを否定的に論評・評価した瞬間、私たちのために一生懸命やってくださっていた守護霊は、離れてしょんぼりしてしまう、ということのようです。

守護霊が離れてしまったあとは、自分の力だけですべてのことをこなさなければなりません。問題や障害など、すべて自分で解決しなくてはならないのです。

人間の力を「一」としたとき、霊体（肉体を持っていないエネルギー）としての守護霊や精霊の力は、人間が考えられるレベルではありません。

数の単位は「億」の次は「兆」、その次は「京《けい》」「垓《がい》」「𥝱《じょ》」「穣《じょう》」「溝《こう》」「澗《かん》」「正《せい》」

「載《さい》」「極《ごく》」「恒河沙《ごうがしゃ》」「阿僧祇《あそうぎ》」「那由他《なゆた》」「不可思議《ふかしぎ》」「無量大数」となります。人間が数えられる最高の単位が「無量大数」で一〇の六八乗になります。

ひとつの精霊は一無量大数分くらいの力量を持っているのではないかと思いますが、とても数えられないということで神の領域なのではないでしょうか。

精霊の中でもっとも「私」を好きだという霊が、守護霊としてついてくださっているわけですが、その方の支援がなくなったときには、私たちは「私」の力で人生と対峙《たいじ》するしかないのです。もともと人間の力は大したものではありませんから、その力で生きていくということは大変な苦労です。

ですから、守護霊には常に味方についてもらっていたほうがいい。そのためには、不平不満・愚痴・泣き言・悪口・文句をいわないこと。

これはとても簡単なことですが、だからこそ簡単にいってしまうのかもしれません。不平不満・愚痴・泣き言・悪口・文句（私は「五戒」といっています）は非常に大きな重たいものを持っているようです。この簡単に何気なくいってしまう五戒によって、「私」の最大の味方である守護霊からの支援をいただけなくなるのは、人生に大変大きな影響・結果をもたらします。

この不平不満・愚痴・泣き言・悪口・文句をいった結果、「私」の頭の上を離れて壁の前でしょんぼりしている守護霊に対し、こちらに戻ってもらうための「瞬間の呪文」があります。

それは「ありがとう」という言葉です。

「ありがとう」の一言で、しょんぼりして向こうに行ってしまっていた守護霊は、すぐに「私」の頭の上に戻ってきます。そして、今までのことを恨んだり、とやかくいったりせずに、再び「私」のために一生懸命に支援をしてくれはじめます。

守護霊が支援をしてくださらなくなったこと、あるいはまた戻って支援をしてくださるようになったことも含めて、シナリオに入っています。

そして、不平不満・愚痴・泣き言・悪口・文句をいってしまったことも、実は「私」自身が書いたシナリオの中に入っています。

五戒をいってしまったことで、自分の力ですべてやらなければならなくなったその結果として、もうなるべくいわないようにしようと思うことも、「私」にとって重要なシナリオです。プログラムです。

ですから、いってしまったことを後悔するよりも、もう二度といわないようにしよう、と決意することのほうが、建設的であり前向きといえます。

「ありがとう」が体の細胞を活性化させる理由

あるとき、はじめて行ったところでの講演会に、二〇〇人もの人が集まってくださったことがあります。はじめての場所で講演会をする場合、数十人というのが普通ですから、いきなり二〇〇人というのは異例でした。そこで幹事さんにうかがったのです。

「どうしてこんなにたくさんの人が集まったのですか」

理由はこういうものでした。

私の講演テープをダビングして聴いてくださった方がその地域にたくさんいて、その中に七四歳の男性がいらっしゃいました。その方は目に傷があるということで、医者から手術が必要といわれました。「手術をしなければ、おそらくこのまま目が見えなくなるだろう。しかし、手術をしたからといって、必ず見えるようになるとは限らない。見えるようになるかもしれないし、手術が失敗して見えなくなるかもしれない」

手術をするかしないか、その方は大変つらい選択を迫られたわけです。

そのときに、その方が選択したのは第三の道でした。つまり、「ありがとう」をたくさんいうと奇跡が起きる。それに賭けようと思ったのです。

その方は、どうせ仕事をしていないのだからと、朝九時から夕方五時まで、〝仕事〟として「ありがとう」をいったというのです。朝九時から正午まで三時間いい続け、昼休みを一時間とり、午後一時から五時まで、また「ありがとう」をいい続ける。一日七時間いい続けたわけです。

家族には電話を取りつぐことも許さず、訪れる人がいても会わずに「ありがとう」をいい続けたそうです。

半年間続けて、「ありがとう」の数はなんと一三〇万回にも及びました。そうして再び医者に目を診てもらったところ、症状は進行しておらず、視力も衰えてきていないということが判明しました。「とりあえず手術をしないで様子を見ましょう」ということになったのだそうです。事実上、悪化を防ぐことができたのです。

その話を伝え聞いた周りの人たちは、我も我もと「ありがとう」をいいはじめたそうです。その地域には「ありがとう実践会」なるものが二〇ヵ所近くでき、ある家に何人かで集まり、〝勤務時間〟のように九時から一七時まで「ありがとう」をいい続けることをはじめたそうです。

そういうわけで、私の講演会に「ありがとう実践会」の人たちが二〇〇人ほどいらっしゃったということでした。

「私は六〇万回」「俺は七〇万回」「いやー、俺はまだ九〇万回だ。あと三日あれば一〇〇万回になったんだけど」「今自分は九十七万回だ」という人が次々に現れ、私は大変驚愕《きょうがく》しました。今まで私の周りには五万回、一〇万回という人はいたのですが、それが六〇万、七〇万、あるいは九〇万、一〇〇万、一三〇万回という例はなかったからです。

ある講演会場でもこんなことがありました。

末期ガンと診断された人が、会場の前に出て「私は生き延びたいから、ありがとうの声をかけてほしい」と全員に呼びかけたところ、会場に集まった二〇〇人が一分間に一〇〇回、いっせいにその人に「ありがとう」を浴びせました。合計二万回の「ありがとう」です。「ありがとう」をいうみんなの目からは涙があふれ、会場はなんともいえない温かい雰囲気に包まれました。

そして三日後、精密検査の結果、その人の体からガン細胞が消えたという報告が届きました。

「ありがとう」という言葉の力を調べるために、次のような実験を行いました。

二つのペットボトルを準備し、ひとつには「ありがとう」と書き、もうひとつには「ばかやろう」と書いて東京都の水道水を入れます。そして一晩置いた水を凍らせて結晶を撮影すると、「ありがとう」と書いた水道水のほうには、宝石のような美しい結晶ができるのです。一方の「ばかやろう」と書かれたほうは、かわいそうなくらい無残に変形します。いろいろな水を使って実験を繰り返しましたが、結果は一緒でした。

人間の体は七〇パーセントが水でできているといわれています。だとすれば、「ありがとう」の言葉をたくさん投げかければ、この実験と同じように体内の血液や体液も変わり、健康を維持できるのではないか。

私はそのように仮定し、そして実証しました。

「ありがとう」を唱え続けたガン患者からガン細胞が消えたり、医者から失明を宣告された人の目がいつの間にか癒えていたり、また手術が必要といわれていた子どもの心臓の穴がふさがったりなど、各地で信じられないような奇跡が次々と起きました。

仕事もお金も回り出す「ありがとう」の不思議

「ありがとう」をいい続けていると、体が変わる、細胞が活性化するらしい、ということを述べてきました。またその人にとって嬉しく楽しく思えるようなことが次々に起こるようになる、とも述べてきました。

次に紹介するのもそのような人たちの実例です。

ある若者が、「何をやってもうまくいかない。今の仕事も辞めたい。ただ辞めたところで何のアテもないので、毎日イヤイヤながら会社に行っている」と、ある女性経営者に相談しました。私の講演会を何度も主催しているその女性は、彼にこう助言したのだそうです。

「会社を辞めるのはいつでもできるのだから、とりあえず辞めるのを三ヵ月先にしなさい。そして、その三ヵ月の間、『ありがとう』をいい続けてみなさい」

ここまででも楽しい話ですが、その助言を受けた若者が、またカッコいいのです。

「わかりました。やってみます」

こういう話をされたとき、「ありがとうのかわりに、サンキューやメルシーといったらどうなるのか」などとへ理屈をいう人がいるものです。〝実践する人〟は、そんな質問をしたりしません。この若者はそんなへ理屈をこねずに、まずはやってみた。ですから私にとってカッコいい人になりました。

この若者は営業職だったそうですが、辞めるまでの三ヵ月間、毎日毎日「ありがとう」をいい続けました。

そうしたら、あら不思議、一ヵ月ほどして営業成績が一位になってしまいました。

「辞めたい」と相談をしてからもう六ヵ月以上もたつのですが、彼は今、ニコニコと毎日飛び回っているそうです。しかも、お得意先からは「ありがとう君」と呼ばれて。

すると、ほかの営業所にいる若者が、彼が突然一位になった理由を聞き、その若者も「ありがとう」をいい続けたそうです。そうしたら二ヵ月ほどで、その営業所で一位になってしまったとのこと。その女性経営者は、「私は何もしていないのに、会うたびにお礼をいわれる」と苦笑していました。

もう一つの例は、広島県のKさんというバラ農園の経営者の話です。

このご夫婦と従業員（六〜七人）が、バラに向かって「ありがとう」をいい続けたところ、Kさんのところのバラだけが花の市場で一般の二〜三倍の値で競《せ》り落とされるようになったそうです。その理由は、色がきれいで持ちもよく、花が肉厚でゴージャスということのようです。

従業員の人たちの話では、「ありがとう」をいうのと、いわないのでは、育ちがまったく違うのだとか。

「ありがとう」は三次元の世界でもかなり具体的な効果を見せてくれるようです。

イライラして損をするのは自分。自分が得をする生き方とは何か

私は宇宙法則の研究家ですが、方程式そのものには関心があっても、「なぜそうなるのか」という部分には興味はありません。法則に則《のっと》ると、たしかに信じられないような

ことが起きるのがおもしろくて、これまで研究を続けてきました。これは宗教のように信じる信じない、というレベルの話ではありません。**実際にやってみれば誰もが結果を出せます。**言葉の力を「言霊《ことだま》」として説明しない理由もそれです。

言葉の使い方によってもたらされる現象を「言霊」と表現することがありますが、私の話は「言霊」という言葉を使う必要はなく、あくまでもそういう事実が起こるという実証結果です。

だから、私の話は人格論や精神論ではありません。私は「正しい生き方をしよう」とか「立派な人になりましょう」といった話は好きではないし、他人にそういうことを説くことはしないようにしています。他人がどういう生き方をしようと私には関係ないと考えているからです。

誤解を恐れずにいえば、私の価値基準は一つ、損得勘定です。つまり自分にとって得なことはやるけども、損なことはやらないというそれだけです。これはほかのどの先生とも違うところかもしれません。

おもしろいことに、損得勘定が完全に頭に入ってしまうと、人間は声を荒らげなくなります。イライラしなくなります。

声を荒らげイライラすると、自分で毒液を出すことになり、その結果、自分の五臓六腑をどんどん痛めつけます。誰が一番損をするかというと、その言葉を発した本人ということになります。

私たちは体調が悪いとき、愚痴や泣き言をいいがちです。本人は病気ゆえに愚痴をこぼしていると思っているでしょうが、実は不平不満・愚痴・泣き言・悪口・文句という否定的な感情が肉体を蝕《むしば》んでいるらしいのです。

私と親しいある外科医の話ですが、患者の家庭環境を分析した結果、怒鳴り合っている環境で生活している人と、穏やかな言葉が飛び交う家庭で生活している人とでは、明らかに前者のほうが病気になる確率が高いということがわかったといいます。

宇宙の方程式からすれば、「ばかやろう」「つらい」「悲しい」といったネガティブな言葉が体内の水、細胞を破壊し、病気を招く原因となります。言葉の持つ力は大変なものです。

肉体だけではありません。仕事も同じです。例えば民宿の経営でいえば、家族や職員が喧《けん》嘩《か》していたり、いがみ合ったり、仲が悪かったりすると、外見は立派な宿でもお客さんが来なくなるという現象が起きてしまいます。

では、反対に自分がもっとも得をする生き方はどういうものでしょうか。

何よりも大事なのは、笑って愉快に生活すること。そのために私たちが発すべき言葉は、嬉しい、楽しい、幸せ、愛している、大好き、ありがとう、ついてるの七つ。

私はこの七つの言葉を七福神ならぬ「祝福神《しゅくふくじん》」と呼んでいます。

これらの言葉を発していると、健康になるし、幸せにもなれるし、つまりは自分の人生にとって大変得ということになります。

人生は自分が発した言葉でつくられている

嬉しい、楽しい、幸せ、愛している、大好き、ありがとう、ついてる。

この「祝福神」の言葉を心で思うだけでなく、せっかくなら実際に声に出すといいでしょう。小声でもいいから声帯を震わせることで、体全体の細胞が記憶するからです。

もう一つ大切なことは心を込めなくてもいい、ということ。

これはほかの先生と大きく違う点です。もちろん、心を込めるに越したことはありませんが、心を込めなくても大きな効果が得られるところが「ありがとう」のすごいところです。

例えば、自分に意地悪をする姑《しゅうとめ》に心からありがとうをいうことはなかなか困難です。でも、心を込めなくてもいいと教わると、気楽にできるでしょう。姑に対してというより、宇宙に対してどんどん「ありがとう」を発信するつもりでやればいい。その結果、なぜか姑との関係は驚くほどよくなっていきます。こういう実話は、数多く報告されてきました。

「ありがとう」という言葉の振動は、空気中の水蒸気に伝わります。水蒸気は地球に充満していて切れ目がありません。ですから、発した情報は水蒸気を通して直接相手の鼻から吸収されます。唯物論的にいえば、そのように説明できるかもしれません。

私は全国を飛びまわって年間三〇〇回ほどの講演をこなしています。自分でも不思議なのは、これだけハードな仕事をこなしているにもかかわらず、三〇年以上、一度も病気をしていないことです。睡眠時間は四時間から四時間半。眠いことはあっても、肉体的、精神的にまったく疲れを知りません。多くの素晴らしい仲間に囲まれ、悩みや苦しみ、悲しみも皆無です。これも「祝福神」のおかげだと思っています。

人間は自分の発した言葉で自分の人生をつくります。

私の周囲の環境や、自分が立たされた状況はすべて自分の発した言葉によって形成されていきます。

ですから、朝から晩まで嬉しい、楽しい、幸せ、愛している、大好き、ありがとう、ついてる、といい続けると、この言葉しかいいたくなくなる人生に囲まれてしまいます。私の周りの多くの人がそうなってしまいました。

私には最近、次のようなメッセージが届いています。

「祝福神」を年間、五〇〇〇回唱える人は、その言葉を再びいいたくなるような現象が翌年、五〇〇〇回降ってくる。逆に嫌だ、嫌いだ、疲れたという否定的な恨み言葉を五〇〇〇回発すると、その言葉をいいたくなるような現象が、翌年五〇〇〇回降ってくる。

もちろん、五万回発すれば五万回、一〇万回発すれば一〇万回降ってくるという意味です。私は自分や仲間たちの身の回りに起こる現象を知れば知るほど、このメッセージが正しいと納得せざるを得ません。

私はこれまで損得勘定で「祝福神」を繰り返し口にしてきました。でもいつのまにか夕焼けを見ては「きれいだなあ、楽しいなあ」と感動し、お茶を一杯飲むのでも「ああ、幸せだ。ありがたい」と心から喜べるようになっていることに気づきました。口先だけだったありがとうを何万回、何十万回と繰り返すうちに、身の回りのありとあらゆることが本当にありがたいと思えるようになりました。

損得勘定でやってきたら、最後には一つひとつのありがとうの言葉に、真心がこもるようになりました。そして、今本当に幸せを実感しています。

宇宙に対してありがとうの言葉を投げかけていると、誰が一番豊かになり得をするのか。それは自分です。このことに改めて思いをめぐらしていただきたい。宇宙の方程式はシンプルですが、やればやるほどその深さに驚くことでしょう。

ありがとうの語源

日本語の語源辞典というものがあります。何種類があるのですが、たまたま紹介された語源辞典が大変面白かったので、私はそれを入手しました。そして、調べた最初の言葉が「ありがとう」でした。

「ありがとう」の語源は「有り難し」です。

「有り難し」というのは、存在しにくいこと、という意味で「滅多にないこと」と私は思っていたのですが、実は「有り難し」というのは「あり得ないこと」「存在し得ないこと」をそう呼んだのだそうです。「あり得ないこと」「存在し得ないこと」が起きたときに「有り難し」と使ったというのです。つまり、それは「あり得ないこと」を神・仏が起こしてくれた場合、神・仏に対して使った言葉でした。

「ありがたい」「ありがとう」という言葉は、実は神さまを称賛し、褒めたたえる言葉だったというのは、私にとって大きな衝撃でした。

そして、それは室町時代以前は、人に対して使われることはなく、人に対して使われるようになったのは、室町時代以降のことだそうです。

『水からの伝言』(波動教育社)という写真集がかなり評判になり話題にもなったのですが、「ありがとう」という日本語で声をかけた水と、「Thank you.(サンキュー)」と英語で声をかけた水とでは、結晶の形が違います。私の印象でいうと、「ありがとう」のほうがきれいな透明感のある結晶になっているように思いました。「Thank you.」のほうが美しさを感じるという人もいるかもしれませんが、少なくとも私や周りの人たちは、「ありがとう」のほうに、より美しさや透明感を感じたのです。

なぜ、日本語の「ありがとう」のほうが少し違う形になり、しかもそちらのほうにより美しさを感じるのか。その疑問に対して、この語源辞典は答えをくれたように思いました。

「ありがとう」「有り難し」は神さまを称賛し、褒めたたえる言葉ですが、「Thank you.」は「I thank you.」で「私はあなたに感謝する」という言葉なのです。つまり、人に対して感謝をしている言葉が「Thank you.」です。

例えば、誰かが梨をむいてくれたこと、柿をむいてくれたこと、おいしいコーヒーを淹《い》れてくれたこと、肩をもんでくれたことなど、「私」に対して何かをやってくれた「人」に対する感謝の言葉が「Thank you.」なのです。

「ありがとう」という日本の言葉は、神や仏を称賛する言葉だったということですが、私たち現代人は、勘違いして人間に対して使っています。けれども、勘違いして使っているとしても、神さまにはどうも関係がないらしい。

神さまは「ありがとう」という言葉が下界から聞こえてきたら、ガバッと跳ね起きて、その人の「ありがとう」の回数をカチカチと、カウントするようです。

「ありがとう」を使った相手が人間であろうと動物であろうと、犬や猫であろうと、神さまには関係がなく、ただ、「ありがとう」という言葉が地上から聞こえてきたら、自分に対して向けられた言葉だと認識するようです。

そして、それが先ほど述べた五万回とか一〇万回、五〇万回、一〇〇万回、一〇〇〇万回、そして一億回というレベルを超えたときに、神さまはその人にとって嬉しく、楽しく、幸せな現象を起こすようになっているように思えました。

「祈り」も「願い」もただ感謝を伝えるという行為

日本語の語源辞典で「ありがとう」を引いたあとに「祈り」という言葉を引き、その次に「願い」という言葉を引きました。その結果、やはり衝撃的なことがわかりました。

「祈り」とは「意に乗る」、つまり神さまの意に乗ること、やっていくことだと自分なりに解釈していたのですが、実は「祈り」とは、「意（神さまの意）＋「宣《のり》（宣言《のりごと》）」で、神さまの意を寿《ことほ》ぐこと、称賛すること、褒めたたえることだということがわかりました。「祈り」とは、神さまの考えていること、為《な》されることを称賛すること、褒めたたえることだったのです。

一方、「願い」という言葉を引いたときに、この語源が「ねぎらい」から来ていることを知りました。「願い」とは「ねぎらい」だったのです。

「ねぎらい」とは「ご苦労さまでした。ありがとうございます」という意味で、本来、上の立場の人が、下の立場の人にかける言葉です。私たちが神・仏に対してかける言葉にはなりません。ということは、「ねぎらいの言葉」＝「ご苦労さまでした」というのは、感謝の意を込めて「ありがとうございます」ということになるのではないでしょうか。

つまり、「祈り」も「願い」も、神さまの為せる業に対して褒めたたえ、称賛し、感謝をすることであったとわかりました。

私たちは、子どもの頃から神社仏閣に行って「お祈りしなさい」「お願いをしなさい」というふうにいわれてきました。「お祈り」や「お願い」は、かなえてもらうべき自分の希望や望みのことだったのですが、語源からすると「祈り」も「願い」も、すべて神・仏・天上界に対するお礼の言葉・感謝の言葉・賞賛の言葉であったということがわかったのです。それは、「ありがとう」という言葉にほかなりません。

私たちは、神・仏に対する言葉として「ありがとう」という素晴らしい文字をいただいたわけですが、この言葉を神社・仏閣に行ってただひたすらいい続けることが「祈り」であり「願い」だったのです。

自分の夢や希望をかなえてもらいたいという意味で使う言葉ではなく、神・仏に対して、今私たちがしてもらっていること・置かれている状況について、ただただお礼をいい、感謝の言葉を伝えること。それが「祈り」であり「願い」ということです。

ですから、これから神社仏閣に行ったときには、「あれをしてください」「これをしてください」「これをかなえてください」というのではなく、ただひたすら「ありがとうございます」ということで、もうすべてがOKということになります。

そして、その声を聞いたときに、神さまは誰がいっているのかをきちんと認識し、その人の「ありがとう」の回数をカチカチと上空で数えているようです。

その結果、五万回とか、一〇万回、五〇万回、一〇〇万回を超えた時点で、新しい奇跡が起きるようになっている。最近、宇宙のしくみがそうなっていると思えるようになりました。

第四章

日常の実践と人生の歩き方

正義感や使命感を振り回すと、周りを傷つける

どんなことがあっても威張らない、どんなことがあっても怒鳴らない、どんなことがあっても怒らない。「い・ど・お」についてすでに書きましたが、これは自分が謙虚であれば必ず実践することができます。ただし、自分は間違っていないとか、自分が正義であるなどと思ったときに、人間は威張ったり、怒鳴ったり、怒ったりしてしまいます。人間の心の中に正義感や使命感などがなかったとしたら、この世にどんなに平和な日々が待ち受けているかわかりません。

ある人はいいました。「この世のすべての人が、自分が間違っていると思ったら、戦争は起きないだろう。この世のすべての人が、自分が正しいと思っていたら、争い事ばかりだ。戦争はなくならないだろう」

親鸞《しんらん》上人《しょうにん》も同じようにいっています。「善人なおもて往生を遂ぐ。いわんや悪人をや」

善人は穏やかな死を迎えることができる。ましてや悪人はもっと心穏やかな素晴らしい大往生を遂げることができる、といったのです。

弟子たちは親鸞上人に、「お師匠さま、これは間違っていわれたのではありませんか」と聞きました。これについて親鸞上人は詳しくは語りませんでした。「修行を積んだ者はわかる」ということであったらしいのです。

自分が善人だと思っている人は、穏やかな死を迎えることができるが、さらにも増して、自分が悪人だと思っている人、自分はどうしようもないやつだ、ろくでもないやつだと思っている人ほど、もしかするともっと素晴らしい、天国に近い死を迎えることができるのではないだろうか、と親鸞上人はいいたかったのではないでしょうか。

自分が正しいと思っていれば、必ずそこに怒りや憎しみ、攻撃の心が湧いてきます。自分が間違っているかもしれないと思えば、怒りや憎しみや攻撃的な心は湧いてきません。その怒りや憎しみの元というのは、大変意外なことなのですが、正義感とか使命感というものの上に立っている可能性が高いのです。もし、人間の心の中に正義感というものがなければ、人は他人を指さして糾弾《きゅうだん》することはなくなるでしょう。

「なぜそういうことをするのだ」と、人がすることをなじる心が正義感というものではないでしょうか。そして、「なぜそういうふうにしないのか」と、今度はしないことをなじる心が使命感というものであるかもしれません。
「私は意識が高く、そういうことをしているにもかかわらず、なぜあなたはしないのだ。なぜ同じように問題に取り組まないのか」というのが使命感というものかもしれません。また、人がしていることに対して指をさして糾弾すること、それが正義感。そして、人が自分の思うとおりにしていないことを糾弾することも、使命感というものではないでしょうか。

私たちの心の中に正義や使命があるのはかまわないと思います。自分の心の中の問題として、どんなに高い正義や使命を持っていてもかまわないと思います。自分が自分を律するという意味で、どんなに自分に対して厳しくてもよいとは思うのです。

しかし、自分に対する厳しさ、自分に対する律し方を、他人に対して指さして押しつけはじめたとき、そこに憎しみや争い、怒りが湧いてくることになります。

正義や使命は神の領域にあると思えます。しかし、そこに「感」がついたとき、つまり「正義感」や「使命感」になったとき、もしかしたら、その正義感や使命感は悪魔の領域にあるのではないでしょうか。

相手を憎み、恨み、怒り、自分を正当だと思い、相手を軽蔑し、というような心の動きにつながってくるような気がします。

正義や使命を持つのはよい。感じるのはよい。しかし、それを他の人に振り回したとき、周りはとてもつらい状態になり、心地の悪い思いになります。正義感や使命感を振り回さないこと。「感」を振り回すと、周りの人を傷つけます。

「感（カン）は振り回さずにゴミ箱へ」。これは私がいつも笑いながらいっている言葉です。

「自分だけは違う」と思った瞬間に、相手を攻撃しはじめる

環境問題に二〇年ほど取り組んでいるというある主婦の方が、こういう質問をしました。

「小林さんのいう『どんなことがあっても腹を立てたり、怒鳴ったり、怒ったりしてはならない』というのは、一つの例外を除いて私は理解ができます。ただし、その一つの

例外にだけは怒りを禁じ得ません」と。

その怒りとは何かと聞いてみると、

「戦争を起こす人たちだけは、私は許せません。どうしてもその人たちを憎んでしまうし、嫌悪をしてしまう。その怒りや憎しみは正当なのではないでしょうか。その憎しみだけは、私は正しいと思っているのですが、どうですか」

というものでした。

その質問に対して私はこう答えました。

「もしかしたら、その怒りこそが戦争を起こしているのではありませんか。その憎しみこそが戦争を起こしているのではありませんか。もしあなたが大統領や総理大臣、あるいは軍の最高責任者であったならば、あなたは自分の正義感をもとに、派兵を命じるでしょう。戦争を開始するに違いありません。その怒りや憎しみこそが、まさに戦争の元になっているのではないでしょうか」

私たちは自分の怒りや憎しみだけは正当であり常に正しく、相手の怒りや憎しみ、戦争を起こす心だけは間違いだと思いがちです。しかし、自分が間違っているのではないかと思いながら戦争を起こす人は、世の中にはいません。「私は全部正しい。すべて私の周りに正義がある」と思って、争いや戦いがはじまります。

どんなことでも争いや戦いの心にならないこと。どんなときでも相手を憎んだり攻撃したりしないこと。それを実践といいます。

「もしかしたら私が間違っているのではないだろうか。私の側に正義というものは、もしかしたらないのかもしれない」と思い続けることが、謙虚ということかもしれません。

謙虚さとは、自分がどう生きるかを自分に課して生きていくことです。

自分だけは自分の価値観や美意識で生きていってよいのですが、それを押しつけたときに、周りのものが見えなくなるような気がします。

愛情という価値の押しつけをしていないか？

同じように、こういう主婦の方がいらっしゃいました。

自分の子どもは今高校一年生で不登校である。学校に行かず、家にいて音楽を聴いたり、好きな本を読んだりして過ごしている。自分は十数年も精神世界や心の勉強をしてきて、ほかの普通のお母さんとはちょっと違うと思うので、不登校の子どもに対して学校に行けとはいわない。けれども、この子が本当にやりたいことは何だろうか、と考えていて、この子の本当に好きなことを探してあげて、それを教え導きたいと思う。この子の好きな道を探すためには、どうすればよいだろうか。

　このような質問をされました。

　そこには二〇人ほどの人がいたのですが、私の答えを聞いて、みんながどっと笑いました。その私の答えはこういうものでした。

「好きなことを探してあげて、その子に提示したいということですが、もしかしたらその子は、今一番好きなことをやっているのではありませんか」

　周りの人が笑った理由は、多分こういうものだったのでしょう。

　結局、子どもの好きなことを探してあげるといいながら、今好きなことをやっている子どもを、その母親は認めていないのです。

　自分の価値観の中で、自分の許せる範囲で子どもがやれることならやってもよい。しかし、自分の我慢できない、許すことのできない価値観の中で生きることは認めない。それはきっと子どもも望んでいないことなのだ、というふうに論理を置きかえているわけです。

今好きなことをやっているのが、その子どもの姿である。そういうふうに考えたとき、**今やっていることを丸ごと認めることが、愛しているということであるのに気がつきます。**

「ここをこういうふうにしたら愛してあげるけれど、そうでなければ愛してあげないぞ」というのは、本当は愛していないのかもしれません。

その子に本当に好きなことをやらせてあげたいのであれば、今、好きなことをやっているのであるから、それを温かく見守ること。音楽を聴きたいのであれば聴かせてあげること。本を読みたいのであれば、読ませてあげること。その本の中には、もしかしたらその子の一生を左右するような素晴らしい内容があるかもしれません。そうしたら、本屋に行って（古本屋でもかまわないのですが）、たくさんの本を買ってきて、子どものもとに置いておいてあげる。それこそがまさに、その子の好きなことを支援してあげるということであるような気がします。

今、目の前にいる人に、言葉の贈り物をしていく

お釈迦さまが周りの弟子たちに、こういうふうに問いかけたことがあります。

「人間の一生の長さは、どのくらいだと思うか」

問われた弟子たちは口々に答えました。

「私の友人は三〇歳で死んだので、三〇年でしょうか」

「いや、私の叔父は五〇年生きたので、五〇歳ではないでしょうか」

「いや、私の祖父は七〇歳まで生きたので、七〇年だと思います」

「いや、山の中の仙人が一二〇歳まで生きたという話を聞いたので、一二〇年ではないでしょうか」

お釈迦さまはこのように答えました。

「いや、どれも違う。人間の一生というのは、刹那《せつな》、刹那、この一刹那の長さだけだ」

と。

お釈迦さまの定義によると、一刹那とは、拍手を一回した中に〝六五刹那〟入っているそうです。その一刹那、一刹那、つまり一瞬間、一瞬間ということですが、これが人生の長さなのだそうです。

私たちは長い人生、未来をこういうふうにすればよいのだと思いながら、今を生きていますが、実は、今、目の前にいる人や、目の前にあることを大事にすることにほかなりません。

三日後に来る人を大事にしてあげようと思っている人は、その人が目の前に来たときには、また三日後に来る人を大事にしてあげようと思っているのです。

三日後に来る人ではなく、今、目の前の人を大事にすること。ただひたすらその人を大事にしてあげること。その刹那、刹那に心を込めて生きていくということに尽きます。

このお釈迦さまのいわれた刹那という言葉は、のちに「刹那主義」という言葉を生みました。「刹那主義」という言葉を調べると、「今がよければ、あとはどうなってもいいと思うこと」という意味で使われていますが、お釈迦さまが最初に唱えた「刹那主義」とは、今を大事にすることです。

今この一瞬、一瞬を最大限、大事にして生きること。それが本当の「刹那主義」でした。

今、この刹那を大事にしないで、いつ、どこで、誰を大事にするのか。

よく考えてみると、私たちは今、目の前にいる人、目の前にあること以外のものを、大事にすることはできません。

昨日の人を抱きしめることはできないし、明日会う予定の人を、今、抱きしめることはできないのです。今、目の前の人を抱きしめること、その人に最大限、自分の笑顔を向けること、「私の」持っている言葉を贈り物としてあげることです。

「私の口から出てくる言葉は、すべて贈り物でありたい」

良寛和尚はそう考えていたそうです。人に贈り物をあげたいが、自分は貧しい僧侶であるからあげるものがない。だから、せめて言葉を贈り物としよう。自分の口から出てくる言葉は常に温かいもの、人を優しい気持ちにするもの、思いやりに満ちたもの、励ますもの、勇気づけるもの、心が安らぐものでありたい、と思っていたのだそうです。

そして、良寛和尚はそれを実践しました。どんなときでも、どんなひどいことをされても、良寛和尚の口から出てくる言葉は、そういう珠玉のような言葉の贈り物だったのです。

そのように、**自分の口から出てくる一瞬、一瞬の言葉が贈り物であり、それが輝きに満ち、喜びに満ち、安らぎに満ちているものであれば、その刹那、刹那を大事に生きていることにほかなりません。**

そして、目の前の人に対して笑顔で接するということ。

そのように一瞬、一瞬を大事に生きることこそが、本当の「刹那主義」というものです。

「三禁五戒」を超えた先にある「頼まれ事ワールド」

私は五戒ということをたびたび口にします。五戒とは、不平不満・愚痴・泣き言・悪口・文句の五つの言葉です。この五つを口にしないように戒めようというのが、私の唱える「五戒」です。

この不平不満・愚痴・泣き言・悪口・文句が常に連続し、それが心の中にすみついて、恨み言や憎しみの心が継続的になった状態を「う・に・の（恨み・憎しみ・呪い）」状態と私は名づけました。

怒りや憎しみが常に続いている「う・に・の」状態を戒めるのではなく、しないことにする（禁止する、自分の心の中から取り除く）というのが「三禁」です。

五戒と合わせて「三禁五戒」といういい方をします。

もともと、五戒を守ることができれば（五つの戒めを破ることがなければ）、三禁に至ることはありません。ですから、「三禁」を無理やり自分の人生目標に持ってこなくてもいいと思います。入り口の部分は「五戒」の部分です。不平不満・愚痴・泣き言・悪口・文句をいかに口しないか、ということになります。

五戒については、「ありがとう」をいい続けているときに、二万五〇〇〇回に到達する前に五戒を口にすると、チ〜ンという音がして、「ありがとう」の回数がゼロになってしまうということを書きましたが、もう一つの側面があります。

それは、不平不満・愚痴・泣き言・悪口・文句をいわなくなると、三ヵ月から六ヵ月くらいして、突然に頼まれ事がはじまるということです。

仮に一日に一個、不平不満・愚痴・泣き言・悪口・文句をいってきたとすると、一年で三六五個、一〇年で三六五〇個、いっていることになります。普通の人は数千個いっていることでしょう。三〇〇〇個いってきた人は約三ヵ月間、六〇〇〇個いってきた人は六ヵ月間ほど、不平不満・愚痴・泣き言・悪口・文句をいわずにいると、次の領域である「頼まれ事ワールド」に到達するようです。

頼まれ事があったとき、もう不平不満・愚痴・泣き言・悪口・文句をいわないという状態になっているわけですから、多分、断ることはないでしょう。体が空いていたら（時間が空いていたら）引き受ける。体が空いていなければ（時間が空いていなければ）引き受けない。それだけです。

ただ、この頼まれ事については除外原則である三つの「し」があるので、それについてお話ししておかなければなりません。

三つの「し」とは、甘い話（儲《もう》け話）、脅《おど》し、詐欺師の三つです。

一つ目の「甘い話」とは、例えば電話がかかってきて「金儲けに興味がありませんか」とか「いい株があるのですが」「金の先物買いがあるのですが」といわれるような話です。私などはそういう電話がかかってくると、「なぜ会ったことのない人にこんな話をするのですか」と尋ねます。その人は「多くの人に儲けてほしいからです」と答えます。「そんなことを多くの人に勧めないで、自分で一生懸命儲けていたら、こんな電話勧誘をしなくても済むのではありませんか」といいますと、向こうは絶句して電話を切ってしまいます。

結局、儲け話に引っかかるというのは、自分の儲けたいという気持ちと連動している場合が少なくありません。一〇〇パーセントそうだとはいえませんが、いくらかは自分の中に欲があったり、自我があったりする場合に引っかかるのかもしれません。ですから、そこは毎日気をつけているほうがよいと思います。

二つ目の「脅し」は、例えば天変地異が起こるとか、地震が起きるとかいって、脅してくる場合です。こういう話にかかわると、ほとんどの場合、「では、どうすればいいのか」「どうすれば助かるのか」ということで、大きな金品を巻き上げられることになります。脅しをしてくる集団に対しては、いっさいかかわらないでよいと申し上げておきます。

三つ目の「し」は詐欺師です。詐欺師というのは、もともとだまそうという悪意を持って近づいてくるわけですから、お金を巻き上げるためにいろいろなことをいいます。最終的にお金の話になってきてどうも怪しいと思ったら、そこでやめることにしましょう。

基本的に、体や能力を貸してくれ、汗を流してくれ、というものであれば「頼まれ事」になります。しかし、「お金を貸してくれ」というのは、「お金」に用事があるのであって「その人」に用事があるのではありません。

ですから、「お金」の件は基本的に「頼まれ事」と考えなくてよいと思います。

人生とは、喜ばれる存在になるということ

「五戒」を口にしなくなると、数ヵ月で「頼まれ事」がはじまります。その頼まれ事を「はい、はい」といってやっていくと、三年ほどするとある方向に自分が動かされていることに気づきます。

「どうも、私の〝使命〟はこの辺にあるらしい」と思う瞬間があるのです。

それを「立命の瞬間」と呼びます。「使命」に気づき、それを自覚したときが「立命」のときです。

私たちはこれまでに「目標を持て」と教え込まれてきました。「達成目標」を立て、そこに向かって汗をかくこと、努力すること、自分を磨くこと、それこそが価値のあることだと教え込まれてきました。

しかし、私が把握した宇宙の構造論というのは、そういう方向ではありません。人間が幸せになるということは、達成目標を立てて、眉間にしわを寄せてそこに向かって進んでいくことではなく、いかに頼まれ事をするか、ということに尽きます。

「頼まれ事をする」「頼まれやすい人になる」というのを哲学的ないい方にすると、「いかに喜ばれる存在になるか」ということになります。

頼まれ事のない人生とは、まさに星空のない夜であり、月のない夜のようなものです。太陽のない昼間といってもよいでしょう。もともと太陽がなければ昼間が存在しないわけで、それほどに大事な、基本的な構成要素なのです。

私たちは、いつも何かを達成しなければいけない、という教育を受けてきました。

しかし、「人」という文字は、人が二人背中合わせに立っている姿です。その人と人との間に生きているから「人間」という文字になりました。

人間は一人では生きていけません。そういうふうにお互いに助け合うこと、頼み合うこと、それをお互いやってあげること。これこそが、まさに人間がこの世に生まれてきた目的ではないでしょうか。

もし人に喜ばれることを一生懸命やった結果、会社が大きくなったとか、売り上げが上がった、県内一の大企業になった、というのならかまわないと思います。そういう結果を呼んではならないといっているのではありません。

何かを達成することを目指すのではなく、喜ばれることをやっていけばよいのではないか、ということをいいたいのです。

どうしたら売り上げを上げられるか、どうしたらお客さんがたくさん来てくれるかを考えているうちは、多分、本質的な結論を得ることはできないでしょう。

しかし、どうしたら喜んでもらえるかということを考えていれば、自《おの》ずと数字もついてくるような気がします。

「頼まれ事こそ本質」というのが、私の中での結論になりつつあります。

このような考えに賛同し、そのように方向づけをされた事業や事業体が増えてきてくれたことに、私自身も驚きと喜びと幸せを感じ、感謝をしています。

お金は自分のものではない。だから喜ばれるために使う

ただひたすら頼まれ事をやっていくと、その結果、三つに一つは「料金を支払います」と申し出されるなど、有料になります。

さらにその三つに一つは「ちょっと多め」の報酬をいただくことがあります。

この法則は、今無職の人や職を探している人、これから何かをやりたいが、何をやればよいのかわからない人に、とても有効です。

〝有料〟の場合も、多めの報酬の場合も、「私はそんなつもりでやったのではありません」と辞退する人がいますが、そういうのを「傲慢」といいます。

「それは謙虚というのではないんですか」と質問が出そうです。

「ありがとうございます。受け取らせていただきます」と受け取ることを「謙虚」といいます。

なぜ、受け取るのが謙虚で、受け取らないのが傲慢なのか。

「受け取れない」と辞退するのは、その報酬を「自分のもの」と思っているから傲慢というのです。

「私」に来る報酬は、「私」のものではありません。「私」を「通過」するだけのもの。

「私」は「預かっている」だけです。

お金は神さまのものであり、宇宙のものであり、人類全体のもの。「私のもの」ではありません。

「預かりもの」は使うことで、その価値を高めます。

目の前に絵を描いている人がいたら、その人にお金を支払って絵を描いてもらう。陶芸家を志す人がいたら、有料で陶器を作ってもらう。CDを出したばかりの音楽家がいたらそのCDを購入する。そういうふうにお金を使えばいいのです。

自分の贅沢に使うのではなく、お金を必要としている人に使う。喜ばれるように使う。それこそが「お金」の役目であり、「私」が預かった意味でもあります。

そういう考え方から、私自身はなるべく人のいない店、はやっていない店を探して食べるようにしています。はやっていない店でお金を使うほうが、ずっと喜ばれると思うからです。

このようなお金の使い方をしていくと、お金が貯まることはありません。「私」を「通過」していくだけの「通貨」です。

お金は貯まりませんが、「私」の存在は、喜ばれるものになります。

なるべく喜ばれるようにお金を使うこと。

そのために受け取ることを「謙虚」と呼びます。

善意や好意による報酬は「ありがとうございます」と感謝をして受け取ることが、宇宙的にはとても大事なことのようです。

シナリオを書いた魂は、私の中にいる

私たちの人生は、どうも自分がシナリオを書いたらしい、ということを述べてきました。シナリオどおりに生きているらしいということも述べてきました。その結果として、私が得られた人生上の結論は、頼まれ事をやっていけばそれでよし、喜ぶ人がいてくれるならばそれでよし、というものでした。

ある人は、自分の息子に「なりゆき」と名づけ、娘に「はずみ」とつけたそうですが、その成り行きと弾みで人生が過ぎていくということが、とてもよいことのような気がします。

未来に向けて選択の場に立ったとき、私たちはどちらを選択してもよいのです。選択したことが、すなわち生まれる前に書いたシナリオどおりであるということがわかりました。

これについて私は、自分の守護霊に尋ねたことがあります。

その答えは驚くべきものでした。私は理屈っぽく、しかも唯物論で、現象というものに対しては頭を下げますが、妙な精神論には頭を下げない、理解しないという頑固者です。

「なぜ、選択したことすべてが、常に生まれる前に書いたシナリオどおりなのか。なぜ、それが九七パーセント、九八パーセントは合っているが二〜三パーセントは違う、ということがなく、常に一〇〇パーセント、シナリオどおりなのか」ということを問いかけました。

守護霊の答えはこうでした。

「シナリオを書いた魂が、『私』の体の中にいるからだ」

その答えを聞いて衝撃でした。

もし、シナリオを書いた魂が「私」の体を支配しているのであれば、必ずその魂は、自分の書いたシナリオどおりに選択する、というのです。

右がいいとか左がいいとか、私たちが我欲や自我で考えることとは違う方向で、必ず魂は選ぶということです。

そういうことがわかってしまえば、私たちは選択の場に立ったとき、どちらを選んでもよいということになります。自分が「なんとなくこちらがよさそうだ」と思うほうを選べばよいのです。選んだことは全部シナリオどおりなのですから。

例えば、子どもが大学受験をするとき、文学部も受けたいし経済学部も受けたい、美大も音大も体育大も受けたいといったとします。好みがバラバラでたくさんあるので、どれを選ぶか決めきれないとしましょう。そのときに、五つ全部受けて、合格したところがシナリオどおりなのです。

受験に合格し、入ることができたところがシナリオどおり、ということがわかれば、第一志望や第二志望というものにこだわる必要はありません。第一志望とか第二志望をつくる意味がないのです。自分が行ける大学が生まれる前に書いたシナリオどおりだったと考えれば、本人はもとより周りの親も先生も、非常に楽になることは間違いありません。

ですから、私たちの人生は「全自動〝選択〟機」。

けれどもこの「全自動〝選択〟機」には〝感想〟機がついていません。

つまり、感想をいちいちいわないこと。評価・論評しないこと。現象について気に入ったとか、気に入らないなどといわないことが、人生をとても楽にします。

この「全自動〝選択〟機」には「脱水機」はついています。「脱す意気」です。**意気込んで何かをすること、第一志望や第二志望にこだわって、それでなくてはならないという執着やこだわりから、早く脱すること。**

それが、この「全自動〝選択〟機」に「脱す意気」がついていることの意味でしょう。

日本語はよくできていて大変面白いものですが、この「全自動〝選択〟機」と「〝感想〟機」と「脱す意気」の言葉にも感心し、自分自身でとても楽しいと思う言葉遊びになりました。

物事をはじめるとき、風は吹いているか、川は流れているかを感じる

よくいろいろな人に「こういう場合にはどうしたらいいだろうか」「今こういう状態なのだけれど、やったほうがいいだろうか。やらないほうがいいだろうか」というような質問をされます。そのようなとき、私はいつも答えます。

「風が吹いていますか。川が流れていますか」と。

風が吹いているとか川が流れているというのは、自分の好みとは関係なく、「それはあなたがやったほうがいいですよ」というように、あと押しする風が吹いているか、あるいはそのように押し流してくれる流れはあるか、という意味です。

もし、自分の意思とは関係なく、そういう方向に流れていないという場合は、たとえ自分がやりたいと思ったことでも、新しいことはなるべくやらないほうがいいように思います。逆に、なんとなくそちらのほうに流されている、あるいはやる羽目になった、やるようになっているようだ、という場合には、やったほうがいいように思います。

その一つひとつのことについて、自分の「好きだ、嫌いだ」という自我をなくすこと。それが、神や仏のメッセージを聞くことのような気がします。

風と流れに従ってやっていくことが、人生を大変楽に、楽しくするようです。そういう人を、私は「風流な人」と呼ぶことにしました。

「私」の好き嫌いでものを選ばず、社会的に、宇宙的に、ある方向を指し示されていると感じた場合には、ぜひそちらに足を踏み入れてみてください。楽しい人生が展開するはずです。

改名は人生の「さっぱり代」。それを楽しめるかどうか

よく講演のあとなどに、「改名を勧められているのですが、かえたほうがいいでしょうか」という質問を受けます。

宇宙的にいうと、「幸・不幸」というものはすべて自分が決めるものなので、基本的に名前をかえたから幸福になり、名前をかえなければ不幸になるというものではありま

せん。ですから、「幸・不幸」ということで名前をかえる必要はないと思います。

ただ、そうはいってもとても気になるという人が世の中にはいると思います。そういう人は、お金を五万円なり一〇万円を払って改名することをお勧めします。

「ちょっと待ってください。改名をする必要がないといっているのに、改名することを勧めるというのはどういうことですか」という声が聞こえてきそうです。

これは、改名をすることでこれからの人生にさっぱりした気分で臨める、ということであれば、「さっぱり代」として五万円、一〇万円を払ってもいいのではないかということなのです。

もともと「幸・不幸」という現象は宇宙には存在しません。自分が「幸」と思ったら幸。「不幸」と思ったら不幸。ただそれだけです。そのように自分が決めればいいのですから、一〇万円を払って気分がさっぱりして「これで幸福がくるぞ」と思えるのなら、それ自体が「幸」を手に入れたということです。ですから、それはそれでまったくかまいません。

ただ、「名前をかえないと不幸になるぞ」といわれたとしたら、それについては、私は賛成しませんし、宇宙的にはそういうふうには組み立てられていない、ということを申し上げておきたいと思います。「名前をかえないと不幸になるぞ。だから何十万円出せ」と脅しのようにいわれた場合も、まったくかえる必要がないと思います。

しかし、「かえることが面白そうだ。親からもらった名前をかえてみて、新しい人生や呼び名を味わってみたい」ということであれば、面白く楽しいという意味でいいと思います。

深刻になるのではなく、楽しむこと。

それなら改名することにも大変意味があるといえます。

「ついてる」と「憑《つ》かれた」で現実は大きくかわる

よく、海に行ったとか墓地に行って何か妙なものに憑かれたらしい、妙な霊を拾ってきた、という話を聞くことがあります。本人が割にそういうことに感じやすいとか、思い込みをしやすいという体質もあるのですが、仮に何かに取り憑かれた（憑依《ひょうい》された）としましょう。

そういうとき、なぜか体が重たくなって、「憑かれた、憑かれた」ということがありますが、それは「被害者」の言葉なわけです。憑依した霊からすると、自分は何気なくついたつもりでも、「憑かれた、憑かれた」といわれると、何かこの人に被害者的なものを与えなくてはいけないのではないか、と思うらしい。自分は歓迎されておらず、またこの人は被害者であるということから、何か悪さをしなくてはいけないのではないかと思い、そういう対応をすることになるようです。

逆に、同じ語源ですが、「憑かれた」ではなく「ついてる」という言葉があります。これは憑依した霊に対して、非常に肯定的な意味を持ちます。

霊に「ついてる、ついてる」と言葉をかけると、霊はその言葉から肯定的に喜ばれていると感じ、そのように振る舞い、またそのようにその人にかかわっていかなければいけない、というふうに思うようです。

腐敗と発酵という言葉を考えてみるとよくわかりますが、人間に役に立つように腐ったものが発酵であり、人間に役に立たないように腐ったものが腐敗です。

しかし、腐敗させている細菌たちからすれば、自分が「発酵側」に参加しているのか、「腐敗側」に参加しているのかはわかりません。ただ自分たちは淡々とやっているだけです。それを「腐敗」「発酵」と決めているのは私たち人間です。

同じように、憑依霊も、自分がどのような役割でこの人とかかわるのかは、考えていないようです。

基本的に、その人間がいろいろなことに対する執着――食べ物に対する執着、生きていることに対する執着、病気をしたくない、事故に遭いたくない、家族だけは無事でいてほしいなどエゴを中心とした我《が》に対する執着――を持っていると、多くの憑依霊を呼び寄せることになります。

執着＝接着剤と思ってください。執着を持っているということは、接着剤で自分の体を取り巻いているということです。体はベトベトで、その結果、あちこちの憑依霊や浮遊霊をくっつけるのです。

執着がない人には憑依霊や浮遊霊がくっつくことはありません。執着心がなければ、憑依霊がどんなに多くいたとしても、引っ張ってくることはないのです。

仮に、憑依霊や浮遊霊をくっつけたとしても、それについて「憑かれた」など否定的な言葉を使わなければ、その霊たちは、自分がどのようにこの人とかかわればよいのか、もう一度考えることになります。もし、その人の口から「ついてる、ついてる」という言葉が出てくるならば、「自分がついたことを喜んでいるのか。では自分は喜ばれる側なんだな」と霊は思うようです。

「ついてる」と「憑かれた」は同じ語源ですが、どちらの言葉を発しているかによって、憑依した霊は「私」とのかかわりを決めるのですから、何気なくいう言葉の一つひとつは大きな意味を持つようです。

先に宇宙にお礼を伝えておく

人間の脳細胞はとても優れています。細胞一つひとつに高性能コンピューター並みの能力があり、それが脳に一二〇億～一四〇億個もあるのです。

その優れた脳細胞は、実は四次元的な能力も内在させていました。それは「過去」「現在」「未来」の区別がないこと。

例えば、「過去」のことを思い出して「心配」したとします。すると、脳は「今、心配している」と認識し、「心配物質」を脳内に分泌させます。

同様に、「未来」を心配したとしましょう。するとやはり「心配物質」を出して、その結果、胃の細胞を壊して胃に異変が生じてくる、というわけです。

「心配」は胃の細胞を壊しますが、「怒り」は肝細胞を、「寂しさ」は脳細胞を壊すようです。

この構造は、「霊」の特性を暗示しているようです。

守護霊あるいは精霊は、「○○してくださって、ありがとう」と先にいわれると、「すでにしてあげていたか」「してあげていなかったか」の時間の流れに関係なく、「まだしていなかったので、とりあえず実現を」というように動くらしい。

先にお礼をいってしまうと実現する、というのは、四次元的存在である守護霊や精霊がそのようにしてくれるからです。

同様に、浮遊している霊も、「お礼」をいわれると味方になる。否定されると悪さをする。ですから、仮に何かに取りつかれたとしても、「ついてる」「ついてる」を連発することで味方になってくれます。

こういうことがわかったら、心配したり怖れたりするのではなく、たくさん取りついてくださってもいい、と笑顔で思えるようになるでしょう。

お金持ちの共通項は、トイレ掃除

謙虚さについて三つの分野においての表現方法がある、ということを書いてきました。まず、「こころ」の分野で「い・ど・お」。つまり威張らない、怒鳴らない、怒らないというもの。「言葉」の分野においては、「ありがとう」をいい続けること。そして「行為」の分野においては、どうもトイレ掃除をしていることが大変プラスであるようだ、ということです。

このトイレ掃除の話は、アメリカの大富豪が一〇人を世界中に派遣して一〇年間、三つのことを調べさせた、という話にはじまります。

調べさせたテーマの一つは、不老不死の薬・食べ物・方法があるか、というものでした。そして一〇人が一〇年間調べて回った結論は、「そういうものはない」ということだったそうです。

二つ目のテーマは、貧乏人が必ず金持ちになる方法があるか。

三つ目のテーマは、金持ちが金持ちでい続けることができる方法があるか、というものでした。

一〇人が一〇年間、世界中を回り得られた結論はこういうものでした。

人生の前半が貧乏であったか、金持ちだったかは問わず、今、金持ちである人には共通項があった。その共通項とは、トイレの蓋《ふた》が閉まっていることであった、というものでした。

この情報を私は笑い話として（ほとんど信じていない状態で）講演会でお伝えしたのですが、それを実際にやった人たちがいました。

そして数ヵ月後。驚くべきことに、トイレの蓋を閉めた人たちはみなさん、数万円から数十万円の収入を得ることになったのです。そしてその人たちは、揃いも揃って同じことをいいました。

「蓋を閉めればそれでよし、ということではなく、どうしてもピカピカに磨いてからでなければ蓋は閉められないということに気がついた」

そして、実際にすべての人がピカピカに磨いて蓋を閉めていたのでした。

私はこの事実をまたあちこちの講演会で話しました。そうしたところ、ピカピカに磨いた上で蓋を閉めるという人が続出しました。そして、次から次へと臨時収入があったという報告を私はシャワーのごとく浴びることになります。

西暦二〇〇〇年の秋の時点で、私のところに届いている話で公表してよいという人の最高額は、五〇〇〇万円の臨時収入でした。

その女性の話はこういうものです。

その女性は父親と大変仲が悪く、あるときいい争いをして「もう、おまえにはビタ一文やらないからな」と捨て台詞をいわれて喧嘩別れをしたそうです。そのときちょうど「トイレ掃除」の話を聞き、その方は黙々とトイレ掃除をやっていました。父親のことはすっかり忘れ、ただひたすらトイレ掃除をし、蓋を閉めていました。

トイレ掃除をはじめて半年ほどたったときに、父親が亡くなったのだそうです。その父親は遺言を書いており、その中に娘に五〇〇〇万円を遺《のこ》す、という一文が入っていました。「喧嘩別れをしたのに、なぜ私に五〇〇〇万円もくれるのだろう」と思ったのだそうですが、その遺言書の日付が、ちょうどトイレ掃除をはじめて三ヵ月ほどたったときだったそうです。

その間に、仲直りするような手紙とか電話などの交流はいっさいなく、仲の悪い状態で、行き来のないまま父親は亡くなったということでした。

その方は私のところに来て「多分トイレ掃除のおかげだろうと思う」とおっしゃっていました。

　そのような例が続々と報告されて、何千万円という方も何人かいらっしゃいますし、何百万円という方もかなりの数にのぼっています。何十万円という額は、もう聞き飽きるほどの人数です。このように大変多くの人がトイレ掃除をし蓋を閉めることで、臨時収入を得た、という事実が私のところに報告されました。

　どうもこれは観念論ではなく、本当にそうであるらしいのです。それは数百例にのぼるので、私自身の結論はそうなりました。

お金や仕事、経済的なことについて心配している人は、トイレ掃除をするといいみたいです。

　たまたまこの話をいろいろな会社の社長が集まる会合で話したところ、社長たちがひそひそと、こんな話をしていたそうです。「それは庶務課にやらせようか、総務課にやらせようか、それとも秘書課か」。私にはその声は聞こえなかったのですが、私は続けていいました。

「社長職にある人は、誰にやらせるかというふうに考えるかもしれませんか、部下にやらせたのでは、その部下が臨時収入を得るだけで、決して会社には入ってきません。トップである社長がやらない限り、その会社は潤うことはないと思います」

そのとき、その場にいる社長たちはどよめきました。自分がトイレ掃除をするということは、やはり考えなかったようです。しかし、実際に不況にあえいでいる何人かの社長さんは、この部分を聞いて自分でトイレ掃除をはじめたのだそうです。


ある山奥に温泉旅館があり、そこはいい旅館なのですがたまたまトイレが汚れていました。掃除は従業員にやらせていたようですが、あまり心を込めてやっていなかったらしいのです。

たまたま私が講演会でその宿を使うことになり、トイレに入ったところ、少し汚れていたので、トイレを磨いてきれいな状態にして出てきました。

講演会のあと、その旅館を経営されているご夫婦が二次会に参加してくださいました。そこでいろいろな話をしたのですが、そのとき、私はそのご夫婦にこう聞きました。

「今までお金に困ってきませんでしたか」

直接の答えはありませんでしたが、お二人とも涙ぐんでしまいましたので、多分つらい状況があったのだと思います。そこで私はお二人にトイレ掃除の話をしました。

「なぜだかわからないけれど、トイレ掃除を経営者自らがやると、まったく違う状況になります。もしかすると、すぐにお金に困らない状態になるかもしれません」と。

そのお二人は大変人柄がよく聡明な方なので、トイレ掃除を自分たちでやりはじめたのです。

そうしたところ、その年の夏と秋には来てくださるお客さんの数が二倍になり、大きな売り上げとなったのです。

宣伝費を二倍かけたとか、駅前でチラシを二倍配ったとか、そういうことをしたのではなく、普段と変わらず、お客さんからの電話を受けていただけだそうです。

私の講演会で訪れたのは六月末でしたから、七月から一一月という夏から秋にかけての人数が二倍になったということです。

特にお客さんが多くなるようなことは何もしていないのです。ただ、二人が心を込めてトイレ掃除をするようになった。その結果、お客さんが二倍来てくださった。

旅館というのはお客さんがいてもいなくても必要経費（従業員への給料や明かりなどの電気代、冷暖房の経費など）が必ずかかります。そして、ある水準を超えたところから売り上げ分が利益になります。ですから、お客さんが二倍来てくださったということは、通常の売り上げ時よりもはるかに金銭的に楽になるということです。とにかく寝る暇もないほど忙しいようですがトイレ掃除は続け、そのご夫妻も従業員もニコニコして楽しくやっているということでした。

その宿はもともと、温泉も建物も食事も応対もよい宿でしたので、その本質が本当に光り輝きはじめたということです。

なぜかわかりませんが、トイレ掃除をすると臨時収入が入ってきます。私もトイレ掃除をずっとやっていますが、臨時収入が結構ありました。

もう一つ、トイレ掃除の不思議な話をしておきたいと思います。

一五歳頃から手が荒れはじめ、夏は膿が出て冬はあかぎれやしもやけで血がにじんでいるという方がいらっしゃいました。六五歳くらいですが、五〇年も手の状態が治らなかったのだそうです。

その方は私の話を聞き、トイレ掃除は自分の家のトイレだけでもいいのか、という質問をされました。

私は「自分の家だけでなく、デパートであれ、公民館であれ、駅であれ、旅館であれ、自分が使ったトイレはどこのトイレであっても、掃除したほうがいいと思いますよ」と話しました。

するとその方はこういいました。

「私はこのように手が五〇年間荒れているので、トイレの水に手を突っ込むと雑菌が入って病気になるかもしれません。伝染病の心配もあります。だから一般の人が入るトイレには手を突っ込めません」

私の話は、「手を突っ込まなければいけない」ということではありません。

ただ、「道具を使わないと臨時収入のゼロが一つ増える」「ゴム手袋を使わずに掃除をすると、ゼロが一つ増える」「水洗トイレの水に、手首までズボッと手を入れて掃除をすると、ゼロが一つ増える」らしい、というものです。

そこで私はその女性に、「『べき』という義務感でやるのではなく、臨時収入が多いほうがいいと思うなら、楽しみながらやってください」と話をしました。

二ヵ月ほどたって、その方がまたいらっしゃって、こういいました。

「手袋をつけずに、手首をトイレの中にまで突っ込んで掃除をしていました。そうしたら、五〇年間治らなかったこの手が、きれいに治りました。見てください、このきれいな手を」

私は手を拝見しました。大変きれいで、夏に膿が出て、冬にあかぎれやしもやけで血がにじむというような手には見えませんでした。手の荒れがきれいに治ってしまったということでした。

ほかにも同様の事例が報告されました。なぜそうなるのかはわかりませんが、荒れた手が実際に治ってしまったという事実があるのです。

私自身も手を突っ込んでトイレ掃除をしているのですが、手がとてもきれいになった気がします。トイレ掃除というのは、想像できないようないろいろな楽しい出来事を、私たちにもたらしてくれるようです。

おわりに

この本を読んだあとで「なーんだ」という方もいらっしゃることでしょう。

「幸せ」の宇宙構造というから、素粒子やクォークのレベルの構造論を説くのかと思っていたら、いつの間にか「ありがとう」や「トイレ掃除」の話になっているではないか、との声が聞こえてきそうです。

本当にそうなのですから、そういわれても仕方ありませんが、一応弁解しておくことにします。

「幸せ」というものの構造を「つきとめた」と私は思ったのですが、それは「私が〝幸せ〟と思ったら幸せになる。私が〝不幸せ〟と思ったら不幸せになる」という、あまりにもあっけないものでした。

では、どうしたら幸せと思えるのか。

心配事がなくなるためには「心配しない」のが最良の方法です。

思いどおりにならないから苦しんでいるという場合、最良の方法は「なんとしても思いどおりにする」のではなく「思い」を持たないことなのです。

こだわらないこと、とらわれないこと、「ねばならない」を抱え込まないこと。

そこまでわかれば、あとは実践あるのみ。

実践する分野は三つ。「こころ」の分野ではどんなときも「い（ばらない）・ど（ならない）・お（こらない）」こと。「言葉」の分野では、たくさん「ありがとう」をいうこと。「行為」の分野では「トイレ掃除」をし続けること、です。

実際にその三つをやっていくと、次から次へと奇跡が起きるのですから仕方ありません。

さらにこの三つの実践のすごいところは、お金がかからないことです。

「ありがとう」を一回いったら小林に一〇〇〇円よこせ、というのであれば、いわないほうがいいでしょう。

でも、いうのはタダ。しかも、損得勘定でいってもOKです。

「ありがとう」も「トイレ掃除」も、損得勘定だからこそ続けることができるのです。

理想的な人格になってから、心を込めて「ありがとう」をいわなければいけない、ということであれば、一〇〇年かかるかもしれません。でも、損得勘定があってもよいのであれば、今すぐ「ありがとう」をいうことができるでしょう。

幸せの構造がわかったら、すぐに「実践」することをお勧めします。周りのこと、人、もの、現象が、みんな幸せに思えるようになってしまうのです。

楽しく幸せな二一世紀は、あなたのものです。

小林正観（こばやし　せいかん）

１９４８年東京生まれ。中央大学法学部卒業。作家。学生時代より人間の潜在能力や超常現象に興味を持ち、心学などの研究を続ける。その一方で、講演は年３００回以上の依頼があり、全国を回る生活を続けてきた。おもな著書に『無敵の生きかた』『「今」という生きかた』『22世紀への伝言』『豊かな心で豊かな暮らし』『ただしい人から、たのしい人へ』（小社刊）など多数。

２０１１年10月逝去。

現在、正観塾師範代、高島亮さんによる「正観塾」をはじめ、茶話会、読書会、合宿など全国各地で正観さんの仲間と過ごす笑顔あふれる集まりがある。

詳細は株式会社ＳＫＰまで。電話０４５（４１２）１６８５

〈ホームページ〉https://www.skp358.com

《参考文献》『致知』2003年1月号（致知出版社）

本書は2000年に刊行されました『幸せの宇宙構造』（弘園社）を
編集し直し出版したものです。

JASRAC 出 2009953-001

しあわせの宇宙構造

2021年2月4日　第1版第1刷

著　者　小林正観
発行者　後藤高志
発行所　株式会社 廣済堂出版
〒101-0052 東京都千代田区神田小川町2-3-13 M&Cビル7F
電話 03-6703-0964（編集）
03-6703-0962（販売）
Fax 03-6703-0963（販売）
振　替　00180-0-164137
URL　https://www.kosaido-pub.co.jp
印刷
製本　株式会社 廣済堂

ISBN 978-4-331-52321-6 C0095